THE SPIRIT within & THE SPIRIT upon

The Holy Spirit's Twofold Work for the Believer

By Kenneth E. Hagin

THE SPIRIT within & THE SPIRIT upon
by Kenneth E. Hagin

ⓒ 2003 RHEMA Bible Church
AKA Kenneth Hagin Ministries, Inc.
P. O. Box 50126 Tulsa, OK 74150-0126 U.S.A.
All Rights Reserved.

2009 / Korean by Word of Faith Company, Korea.
Translated and published by permission
Printed in Korea.

내주하시는 성령 임하시는 성령

1판 1쇄 발행일 · 2009년 9월 2일
1판 4쇄 발행일 · 2024년 2월 2일

지은이　케네스 해긴
옮긴이　김진호
발행인　최순애
펴낸곳　믿음의말씀사
2000. 8. 14 등록 제 68호
우)16934 경기도 용인시 기흥구 신정로 301번길 59
TEL. 031) 8005-5483 FAX. 031) 8005-5485
http://faithbook.kr

ISBN 89-90836-79-4 03230
값 14,000원

본 저작물의 한국어판 저작권은 케네스 해긴 목사님을 통해 FAITH LIBRARY와의 독점 협약으로 '믿음의 말씀사'가 소유합니다. 저작권법에 의해 한국 내에서 보호를 받는 저작물이므로 무단 전재와 복제를 금합니다.

믿는 자에게 역사하는 성령의 두 가지 사역

내주하시는 성령
임하시는 성령

케네스 해긴 지음 | 김진호 옮김

믿음의말씀사

| 목차 |

제1장　성령의 두 가지 사역 _ 7
제2장　내주하시는 성령: 새로운 탄생에서의 성령 _ 21
제3장　성령 안에서 행하기 _ 43
제4장　사랑 안에서 행하는 것의 중요성 _ 61
제5장　사랑이 최선의 길입니다 _ 85
제6장　고난을 통해 온전하게 됨 _ 109
제7장　초자연적인 부르심 _ 131
제8장　성령님과 함께하는 모험 _ 159
제9장　더 깊은 차원 _ 173
제10장　가족들에게 성령세례를 증거하기 _ 187
제11장　성령께서 거하시는 곳 _ 201
제12장　성령께서 거하시는 성전인 교회 _ 215
제13장　그의 백성들의 찬양 중에 거하시는 하나님 _ 233

제 1 장

성령의 두 가지 사역

　거듭나고 그리스도인이 된 사람들은 한 가지 놀라운 체험을 하게 됩니다. 그리스도 예수를 주님으로 영접하고 세례(침례)를 받으면 그리스도의 몸이 되며, 하나님의 가족이 되는 것이지요. 그런데 또 한 가지의 놀라운 체험이 그를 기다립니다. 이것을 경험하게 되면, 그는 하나님의 것을 더욱 많이 알게 되며, 또한 보다 깊은 영적 세계로 들어가게 됩니다. 이 체험을 성령세례라고 합니다.

　많은 분들이 이 체험에 대해 혼란을 겪고 있습니다. 신학자들과 교회 지도자들은 이 주제에 대해 수백 년에 걸쳐서 토론을 해왔습니다. 저 조차도 예전에는 사람들을 거듭나게 하고 물로 세례(침례)를 주는 일이 성령께서 하시는 일의 전부라고 생각했습니다. 그러나 성경은 아주 명확하게 거듭나도록 하는 것 외에 또 다른 성령의 사역이 있음을 보여줍니다. 제가 이 책을 통해 자세히 설명하려는 것이 바로 성령께서 하시는 두 가지 사역에 대한 것입니다. 이 두 가지의 성령사역은 먼저 그 목적이 다릅니다. 거듭날 때 내주하시는 성령님의 목적은 그 사람의 인격을 위한 것이며, 성령침례 때 임하시는 성령님의 목적은 믿는 자들의 봉사를 돕기 위한 것입니다.

나의 체험

여러분들이 거듭났을 때 성령을 모신 것처럼, 저도 거듭날 때 성령님을 모셔들였습니다. 제 신앙의 배경은 침례교이며 (젊은 시절에는 시골 어느 침례교회의 목사로 목회를 한 적도 있을 정도입니다), 제 주변에는 오순절교회 교인들이 없었고, 우리 마을에도 오순절교회가 없었습니다. 혹 있었는지도 모르겠습니다만, 저는 알지 못했습니다.

1934년에 저는 불치의 혈액병과 심장 기형에서 치유를 받았습니다. 그런데 그 다음해에 어떤 분들이 우리 마을에 와서 천막을 치고 소위 순복음부흥회를 시작했습니다. 처음엔 그 곳에 갈 생각이 없었습니다. 순복음이란 말에 대해 잘 몰랐고,

또 제가 맡은 일이 바쁘기도 했기 때문입니다. 그런데 그들이 가르치는 것이 신유라는 말을 듣고 흥미가 생겨 그 곳에 갔습니다. 그들은 그 집회를 통해 465명을 구원했고 그때 구원받은 사람들은 건물을 지어 예배당을 세우고 그 교회의 이름을 순복음장막교회Full Gospel Tabernacle라고 지었습니다.

제가 다닌 교회에서는 신유를 체험한 사람이 저 외에는 아무도 없었으므로, 저는 믿음과 치유의 영역에서 하나님의 능력을 믿는 순복음교회 사람들에게 마음이 끌렸습니다. 그런 이유로 자연히 그 집회에 참석하게 되었지요. 그들은 많은 것을 가르쳐주었고 또 여러모로 도와주었습니다. 뿐만 아니라 성령세례에 대해서도 가르쳐 주었습니다.

그 오순절교회 교인들은 그 집회를 통하여 성령세례를 받지 못했습니다. 그들의 목적은 복음을 전하는 것이었으며, 설교자들도 복음적인 메시지만을 전했습니다. 그 집회는 8주 동안 계속되었는데, 4주가 지난 후부터 매주 이틀 밤은 치유사역을 하였습니다.

그리고 집회 마지막 주에 그들은 성령으로 세례를 받는 것에 대해 조금 가르쳤지만, 아무도 성령세례를 받지는 못했습니다. 그 집회를 인도하는 분들 중에 참석자들이 성령세례를 받도록 도와줄 만한 분이 없었습니다. 그런데 집회 후 장막교회가 시작되면서부터 참석자들이 성령세례를 받기 시작했습니다.

그러나 저는 그 성령세례를 일부러 외면했습니다. 그때 저는 그저 이런 정도로만 생각했습니다. '나는 성령님을 믿지만, 그 방언이란 것은 잘 모르겠다. 믿음과 치유를 믿는 사람들과 교제하려면 이런 광신적인 행동을 참고 지켜보아야 하는구나.' 그것이 제가 방언에 대해 알고 있는 전부였습니다.

텍사스에 이런 속담이 있습니다. "미끄러운 강 언덕에서 서성거리면, 곧 미끄러져 강에 빠지게 된다." 돌아보니 그때 제 상황이 그 속담 그대로였습니다. 1937년 4월 오후 6시 8분에 저는 그 장막교회 목사님의 거실에서 성령세례를 받고 성령의 말하게 하심을 따라 방언을 하게 되었으니까요.

침례교회를 같이 다니던 교인들은 제가 오순절교회에 자주 들락거리는 것을 보고 저에게 조심하라고 충고했습니다. 특히 그 중 한 명은 안수 받은 목회자는 아니었지만, 성경교사로서 우리 교회에서 핵심적인 성경공부를 인도하던 사람이었습니다.

그는 성경신학교를 졸업하고 그 신학교를 졸업한 목사님들과 똑같은 훈련을 받았습니다. 우리는 꽤 오랫동안 교제를 했었는데 그는 종종 제게 이렇게 말했습니다. "오순절교회 교인들은 어떤 면에서는 꽤 성경적인 신앙을 가지고 있고, 또 그 순복음장막교회의 교인들이 우리보다 더 정결하고 순결한 삶을 살고 있다는 것은 인정할 수밖에 없다네. 다만,

방언을 말하는 것은 마귀의 짓이네."

저는 생각했습니다. '그 교회 교인들이 다른 교인들보다 더 훌륭한 삶을 사는 것이 마귀로부터 도움을 받았기 때문이라니. 마귀가 사람들이 더 훌륭한 삶을 살도록 도와준다는 이야기는 처음 듣는데. 마귀는 언제나 사람들이 안 되게 만드는 존재가 아닌가?

어쨌든 그분은 신학교를 졸업한 사람이었고 저는 십대의 소년에 불과했기 때문에 그때는 그의 말을 따를 수밖에 없었습니다. 그러나 저는 성령체험을 한 뒤에 침례교회 성경교사였던 그분이 말한 것을 다시 한 번 생각하게 되었습니다. "그것은 성령이 주신 것이 아니라, 어떤 다른 영으로부터 오는 것이네." (그리고 오순절파의 가르침에서는 어떤 사람이 성령 세례를 받고 방언을 말하지 않았다면 성령이 아예 그 안에 계시지 않다는 인상을 주었습니다.)

하지만 제가 성령세례를 받고 한 시간 반 동안 방언을 말했을 때 제일 먼저 알게 된 것은, 방언을 말하게 하는 그 성령님과 3년 전에 제가 거듭났을 때 오신 성령님이 같은 분이라는 것이었습니다. 성령님은 쌍둥이 형제가 있는 분이 아닙니다. 성령님은 오직 한 영이십니다. 비록 성령님의 사역은 다양할지라도 성령님은 한 분이십니다.

이 사실을 알게 된 뒤로 다시 그 침례교 성경교사와 이야기할 기회를 가지려고 했습니다. 그분은 늘 저에게 방언이 마귀의 짓이라고 충고하곤 했으므로, 저는 그를 만나면 똑같은 충고를 하리라는 것을 알고 있었습니다. 그가 걸어가는 것을 보고 일부러 그의 앞을 가로질러 갔는데, 그는 예상했던 대로 이야기를 하려고 저를 불렀습니다. 궁금하게 생각했던 주제에 대해 제가 먼저 말을 꺼냈습니다.

"그 오순절교인들이 말하는 방언 말인데요. 선생님께서는 그것이 마귀로부터 온 것이라고 하셨지요?"

"그랬지, 틀림없이 그것은 마귀로부터 온 것일세."

"선생님께서는 그것이 마귀로부터 온 것인지 어떻게 아시나요?"

"그것을 가져다주는 영은 성령님과 같은 영이 아니라네. 방언을 주는 그 영은 거듭날 때 이미 우리 안에 오셨으니까. 방언을 주는 것은 그 성령이 아니란 말일세."

"그렇습니까?"

"틀림없네."

"저 아래 순복음장막교회 교인들이 방언을 말하는 오순절 체험을 마귀로부터 온 것이라고 한다면, 남침례교단도 마귀에게 속했다고 말할 수 있겠네요."

"그게 무슨 말인가?"

"왜냐하면, 사실 저도 얼마 전에 성령으로 세례를 받고 방언을 말했거든요. 두려워하실 필요는 없습니다. 성령님은 신사처럼 매우 예의 바르게 행동하시기 때문에 제가 성령세례를 받았어도 선생님께는 아무런 해가 없을 거예요. 제가 말씀드리고 싶은 것은 제가 남침례교단 소속 교회에서 거듭났을 때 받은 그 성령님과 저에게 방언을 말하게 하신 그 성령님이 같은 분이었다는 것입니다."

"무슨 말인가? 그럴 리가 없네."

"선생님은 방언을 말하신 적이 있나요?"

"아니, 없다네."

"그런데 어떻게 두 성령님이 같은 분이 아니라는 것을 알 수 있나요?"

"방언을 말해본 적은 없지만, 내가 알기에 두 영이 같은 분일 수가 없다는 말일세."

"선생님께서는 신학교를 졸업하셨지요?"

"물론이지."

"그러면 성경에서 사연을 듣기 전에 대답하는 자는 미련하여 욕을 당한다고(잠 18:13) 말하는 것을 읽으셨겠네요. 선생님도 그 말씀처럼 지혜롭지 못한 행동을 하고 계신 것 같습니다. 방언을 말한 경험도 없으시면서 어떻게 방언을 주시는 성령님에 대해서 말씀하실 수 있나요? 선생님도 아시다시피 저는 새로운 탄생과 거듭남의 체험을 했고, 이제 성령세례의 경험도 했습니다. 그러므로 제가 방언과 성령님에 대해 아는 것은 당연합니다."

"그게, 내, 내가 좀 더 연구해봐야겠네. 나중에 다시 보세." 그는 말을 더듬었습니다.

1937년부터 지금까지 그 선생님이 다시 저를 찾아오기를 기다렸지만, 그를 다시 만날 기회는 없었습니다. 여러분들께 드리고 싶은 말은 우리가 성령세례를 받을 때 방언을 말하게 하신 성령님은 우리가 거듭났을 때 우리 안에 들어오신 그 성령님과 같은 분이라는 것입니다. 다만 같은 성령님께서 각각 다른 차원의 사역을 하신 것입니다.

거듭남이 가장 중요하다는 것은 더 말할 나위도 없지만, 그에 더하여 우리에게 성령세례를 주시고 이를 통해 하늘의 능력을 우리에게 허락하시는 하나님께 감사드립니다. 저도 성령세례를 받기 전에 3년 동안 사역을 했었습니다만, 성령세례를 받기 전의 사역과 받은 후의 사역에는 큰 차이가 있었습니다.

성경은 어떻게 말하는가

먼저, 내주하시는 성령과 임하시는 성령에 대해 언급하신 예수님의 말씀을 살펴보고, 그 뒤에 사도행전과 서신서에

기록된, 믿는 자의 삶 가운데 영광스럽고 지속적으로 역사하는 성령의 사역을 하나씩 보겠습니다. 요한복음과 사도행전에서 각각 한 구절씩을 인용해보겠습니다.

> 저는 진리의 영이라 세상은 능히 저를 받지 못하나니 이는 저를 보지도 못하고 알지도 못함이라 그러나 너희는 저를 아나니 저는 너희와 함께 거하심이요 또 너희 **속에** 계시겠음이라 요 14:17

> 오직 성령이 너희에게 **임하시면** 너희가 권능을 받고 예루살렘과 온 유대와 사마리아와 땅 끝까지 이르러 내 증인이 되리라 하시니라 행 1:8

요한복음 4장에서 예수님께서 사마리아 우물가에서 한 여인에게 하신 말씀을 보십시오.

> 내가 주는 물을 먹는 자는 영원히 목마르지 아니하리니 나의 주는 물은 그 **속에서** 영생하도록 솟아나는 샘물이 되리라 요 4:14

네 번째 성경구절은 요한복음 7장입니다.

명절 끝날 곧 큰 날에 예수께서 서서 외쳐 가라사대 누구든지 목마르거든 내게로 와서 마시라 나를 믿는 자는 성경에 이름과 같이 **그 배에서 생수의 강이 흘러나리라 하시니** 이는 그를 믿는 자의 받을 성령을 가리켜 말씀하신 것이라 (예수께서 아직 영광을 받지 못하신 고로 성령이 아직 저희에게 계시지 아니하시더라) 요 7:37-39

하나님께서 이 성경구절을 통해 말씀하시려는 것은 **내주하시는** 성령Spirit within과 **임하시는** 성령Spirit upon입니다. 저는 이것을 성령의 **이중사역**이라고 부릅니다. 우리는 이 성경구절과 또한 앞으로 보게 될 성경구절을 통해 성령님께서 이중적으로 사역하심을 확신하게 될 것입니다. 하나님께서는 예수님을 영접한 사람의 삶 속에 성령의 이중사역이 일어나기를 원하십니다. 성경을 살펴보면, 하나님께서는 믿는 자녀들의 삶 속에서 성령의 이중사역이 발전되기를 원하신다는 것을 알 수 있습니다.

우물 속에서 솟아나는 물과 강같이 흐르는 물

위에서 언급한 첫 번째와 두 번째의 성경구절을 통해 성령님에 대한 예수님의 약속을 확인할 수 있습니다. 예수님께서는 성령께서 우리 안에 내주하실 뿐 아니라 우리 위에 임하시기도 할 것이라고 약속하셨습니다. 예수님은 요한복음 14장에서 성령께서 내주하실 것을 약속하셨습니다. "그는 진리의 영이라 세상은 능히 그를 받지 못하나니 이는 그를 보지도 못하고 알지도 못함이라 그러나 너희는 그를 아나니 그는 너희와 함께 거하심이요 또 **너희 속에**in you 계시겠음이라"(17절). 또한 예수님은 사도행전 1장에서 성령이 부어질 것에 대해 약속하셨습니다. "오직 성령이 너희에게 **임하시면** 너희가 권능을 받고…"(8절) 예수께서는 성령께서 우리에게 임하실 때 비로소 우리가 회심하거나 거듭나게 된다고 말씀하시 않으셨습니다. 그분은 다만 성령님이 임하시면 "너희가 **권능**을 받고…"라고 말씀하셨습니다. 이는 거듭난 사람들에게 따르는 체험, 즉 임하시는 성령에 대해서 말하고 있습니다.

세 번째와 네 번째 성경구절에서도 내주하시고 또 임하시는 성령의 이중사역을 볼 수 있습니다. 예수님께서는 사마리아 우물가의 여인에게 "내가 주는 물을 마시는 자는 영원히 목마르지 아니하리니 내가 주는 물은 그 속에서in him 영생하도록 솟아나는 샘물이 되리라"(요 4:14)라고 하셨습니다.

이 구절들에서 물은 성령님을 상징합니다. 예수님께서 그 물이 '**그 속에서**' 솟아나리라고 하신 말에 주의하십시오. 요한복음 14장 17절에서 '**너희 속에**'란 말과 흡사하지 않습니까?

예수님은 성령님을 물로 비유하시면서 요한복음 4장에서는 샘물과 같은 성령, 즉 내주하시는 성령을 말씀하고 계시며, 요한복음 7장에서는 강물과 같은 성령, 즉 임하시는 성령을 말씀하십니다.

> 명절 끝날 곧 큰 날에 예수께서 서서 외쳐 가라사대 누구든지 목마르거든 내게로 와서 마시라 나를 믿는 자는 성경에 이름과 같이 그 배에서 **생수의 강이 흘러나리라** 하시니 이는 그를 믿는 자의 받을 성령을 가리켜 말씀하신 것이라 (예수께서 아직 영광을 받지 못하신 고로 성령이 아직 저희에게 계시지 아니하시더라) 요 7:37-39

요한복음 4장 14절에서 언급된 구절은 내적인 상태에 대해 말씀합니다. "내가 주는 물을 마시는 자는 영원히 목마르지 아니하리니 내가 주는 물은 그 속에서 영생하도록 솟아나는 샘물이 되리라"(요 4:14). 이 구절에서 예수님은 영생을 얻는 것을 말씀하고 계십니다. 즉 요한복음 4장 14절은 성령이 내주하시는 자가 얻는 축복을 말하고 있는 것입니다.

하지만 성령에 대한 또 다른 성경구절인 요한복음 7장 37-39절은 성령님이 내주하시는 사람이 얻게 될 축복에 대한 말씀이 아니라, 성령세례를 받은 사람에게서 흘러나온 복이 전해져야 할 또 다른 사람에 대한 말씀입니다. 물은 샘에도 있고 강에도 있지만, 강에 흐르는 물의 용도는 샘 속에 담긴 물과 다릅니다. 특히 예수님의 시대에 더욱 그 쓰임새의 차이가 확실히 드러납니다.

그러므로 우리는 물은 성령의 상징과 모형이라는 것을 알 수 있습니다. 뿐만아니라 "물"로써 하나님의 영의 이중적인 역사와 체험을 말하는 것임을 알 수 있습니다.

열매와 은사

성령의 이중사역과 관련이 있는 두 개의 그룹들, 즉 성령의 아홉 가지 열매와 아홉 가지 은사의 종류는 좀 더 중요한 의미를 가지고 있습니다. 갈라디아서 5장에서 말하는 영의 아홉 가지 열매는 성령이 내주하심으로 인해 나타나게 되는 인격들을 말하고 있는 것입니다.

> 그러나 오직 성령의 열매는 사랑과 희락과 화평과 오래 참음과 자비와 양선과 충성과 온유와 절제니 이 같은 것을 금지할 법이 없느니라 갈 5:22-23

또한 성경은 고린도전서 12장에서 성령의 아홉 가지 은사를 말합니다.

각 사람에게 성령의 나타남을 주심은 유익하게 하려 하심이라 어떤 이에게는 성령으로 말미암아 지혜의 말씀을, 어떤 이에게는 같은 성령을 따라 지식의 말씀을, 다른 이에게는 같은 성령으로 믿음을, 어떤 이에게는 한 성령으로 병 고치는 은사를, 어떤 이에게는 능력 행함을, 어떤 이에게는 예언함을, 어떤 이에게는 영들 분별함을, 다른 이에게는 각종 방언 말함을, 어떤 이에게는 방언들 통역함을 주시나니 이 모든 일은 같은 한 성령이 행하사 그 뜻대로 각 사람에게 나눠 주시느니라 고전 12:7-11

이 아홉 가지 은사의 목적은 "유익하게" 하기 위한 것입니다. 다시 말하면, 성령의 은사는 믿는 자들이 이 은사를 가지고 다른 사람을 축복하도록 하기 위한 것입니다.

결론적으로 이 말씀을 통해 우리는 **내주하시는 성령은 인격적인 열매를 위한 것이며, 임하시는 성령은 다른 사람을 섬기기 위한 것임을 알 수 있습니다.**

제 2 장

내주하시는 성령: 새로운 탄생에서의 성령

이 장을 시작하면서, 우리는 새로운 탄생에 관계하시는 성령에 대해 살펴볼 것입니다. 이미 말씀드린 대로 성경은 예수 그리스도를 믿는 자에게 역사하시는 성령의 이중사역에 대해 가르쳐주고 있습니다.

성령은 새롭게 태어난 자 안에 내주하십니다. 새로운 탄생은 회심, 거듭남, 죄사함을 받음, 영생을 얻음, 그리스도를 구주로 영접함과 같은 여러 다른 말로도 불립니다. 이처럼 새롭게 태어난 자에게 내주하시는 성령은 또 다른 사역을 행하시는데, 그것은 믿는 자가 성령으로 세례를 받을 때 그 위에 임하시는 것입니다. 성령이 임하시면 능력이 그 사람에게 덧입혀집니다.

요한복음 14장을 다시 한 번 봅시다. 14장 16절은 내주하시는 성령에 대해 언급하는 또 다른 성경구절입니다.

> 내가 아버지께 구하겠으니 그분께서 다른 위로자를 너희에게 주사 영원토록 너희와 **함께 거하게** 하시리니 요 14:16

주님은 여기서 제자들에게 또 다른 보혜사를 약속하십니다. '또 다른 보혜사'라고 하신 말씀에 담긴 뜻은 현재 그들의 보혜사는 예수님이시며, 이제 그분은 떠나가시고 다른 보혜사를 보내실 것이란 의미입니다. 오순절날 성령이 임하시므로 예수님의 이 약속은 성취되었습니다. 사실 어떤 의미에서 성령님은 예수님이 이 땅에 계실 때부터 제자들과 함께 하셨습니다. 왜냐하면 성령님은 예수님과 함께 계셨고, 예수님은 제자들과 함께 하셨기 때문입니다. 하지만, 하나님이 성령님을 제자들에게 보내시자 성령께서는 제자들 **안에** 거하게 되셨습니다.

> 곧 진리의 영이시라 세상은 그분을 받아들이지 못하나니 이는 그분을 보지도 못하고 알지도 못하기 때문이라 그러나 너희는 그분을 아나니 이는 **그분께서 너희와 함께 거하시며 또 너희 속에 계실 것임이라** 요 14:17

진리의 영이신 보혜사 성령은 예수님을 믿는 사람 안에 내주하십니다. 성경이 "그리스도의 영이 없으면 그리스도의 사람이 아니라"(롬 8:9)라고 말한 것을 기억하십시오. 그리스도의 영은 바로 성령을 말합니다.

사실 나사렛 예수님은 제자들 안에 거하실 수 없었습니다. 왜냐하면 그분은 보거나 만질 수 있는 살과 뼈로 된 부활의 몸을 가지고 계셨기 때문입니다. 부활의 몸은 보거나 만질 수 있습니다. 예수님께서 부활하신 후 어느 곳에서 제자들에게 나타나셨을 때 제자들은 이 예수님을 보고 "영"이라고 말했습니다. 그러자 예수님께서는 이렇게 말씀하셨습니다. "또 나를 만져 보라. 영은 살과 뼈가 없으되 너희 보는 바와 같이 나는 있느니라"(눅 24:39). 베드로가 고넬료에게 예수님에 대한 이야기를 해주면서 자신이 다른 제자들과 함께 부활하신 예수님과 더불어 먹고 마셨다고 말했던 것(행 10:41)을 기억하십니까?

그 뒤에 부활하신 예수님께서는 높은 곳으로 올라가셨고, 제자들은 그분께서 승천하시는 것을 지켜보았습니다. 하나님 우편에 앉으신 예수님은 영원히 계시며 우리를 위해 중보하십니다(히 7:25, 8:1).

그런데 그 예수님이 성령의 능력을 통해서 우리 안에 들어오실 수 있게 되었습니다. "…이 비밀은 **너희 안에 계신** 그리스도시니 곧 영광의 소망이니라"(골 1:27) 하나님께 감사합니다. 그분은 그리스도의 영이신 성령님을 우리에게 보내주셔서, 그가 우리 안에 거하실 수 있도록 하셨습니다.

양자의 영

성경에서는 내주하시는 성령에 대해 다른 표현, 즉 양자의 영이란 말을 사용하기도 했습니다. 바울은 이 표현을 로마서에서 사용했습니다.

> 너희는 다시 무서워하는 종의 영을 받지 아니하였고 **양자의 영을 받았으므로** 아바 아버지라 부르짖느니라 롬 8:15

갈라디아서 4장에서도 같은 표현을 찾을 수 있습니다.

> 때가 차매 하나님이 그 아들을 보내사 여자에게서 나게 하시고 율법 아래 나게 하신 것은 율법 아래 있는 자들을 속량하시고 **우리로 아들의 명분을 얻게 하려 하심이라** 너희가 아들인고로 **하나님이 그 아들의 영을 우리 마음 가운데 보내사** 아바 아버지라 부르게 하셨느니라 갈 4:4-6

예수님께서 우리 안에 계신 분은 성령님이라고 하신 것을 기억하십시오. "…하나님이 그 아들의 영을 보내사…"(갈 4:6) 여기에서 아들의 영은 성령을 말하는 것입니다. 그리고 성령을 모신 사람에 대해서 바울은 이렇게 말합니다. "성령이 친히 우리 영과 더불어 우리가 하나님의 자녀인 것을 증언하시나니"(롬 8:16). 갈라디아서와 로마서의 구절들은 우리가 하나님의 아들, 또는 자녀가 되는 것에 대해 말합니다. 즉 이 구절들은 성령세례가 아니라 새로운 탄생에 대한 말씀입니다. 새로운 탄생에서는, 성령께서 우리의 영 안에 들어오시며, 그분은 우리 영과 더불어 우리가 하나님의 자녀임을 증언하십니다.

성령의 강에 대한 에스겔서의 예언

이제 구약성경에서 앞으로 성령께서 믿는 자에게 내주하시게 될 것이라고 예언한 말씀을 살펴봅시다.

맑은 물로 너희에게 뿌려서 너희로 정결케 하되 곧 너희 모든 더러운 것에서와 모든 우상을 섬김에서 너희를 정결케 할 것이며 또 새 영을 너희 속에 두고 새 마음을 너희에게 주되 너희 육신에서 굳은 마음을 제하고 부드러운 마음을 줄 것이며, **또 내 영을 너희 속에 두어** 너희로 내 율례[말씀]를 행하게 하리니 너희가 내 규례를 지켜 행할지라 겔 36:25-27

히브리서에서도 두 구절을 찾아봅시다.

또 주께서 이르시되 그날 후에 내가 이스라엘 집과 맺을 언약은 이것이니 내 법을 그들의 생각에 두고 그들의 마음에 이것을 기록하리라 나는 그들에게 하나님이 되고 그들은 내게 백성이 되리라 히 8:10

주께서 이르시되 그날 후로는 그들과 맺을 언약이 이것이라 하시고 내 법을 그들의 마음에 두고 그들의 생각에 기록하리라 하신 후에 히 10:16

에스겔서의 예언(약속)의 내용은 모두 세 가지입니다. 첫째는 맑은 물로 정결하게 한다는 것입니다. "맑은 물로 너희에게 뿌려서 너희로 정결하게 하되 곧 너희 모든 더러운 것에서와 모든 우상숭배에서 너희를 정결하게 할 것이며"(겔 36:25). 맑은 물로 정결하게 한다는 것은 무엇을 의미할까요? 신약성경구절 중 중생의 씻음이라는 말씀을 기억하실 것입니다. 디도서 3장 5절을 찾아봅시다. "우리를 구원하시되 우리의 행한 바 의로운 행위로 말미암지 아니하고 오직 그의 긍휼하심을 따라 **중생의 씻음**과 성령의 새롭게 하심으로 하셨나니"(딛 3:5).

바울은 이 구절에서 구원에 대해 말하고 있습니다. "우리를 구원하시되…"(딛 3:5) 그리고 하나님께서 우리를 어떻게 구원하셨다고 말합니까? "중생의 씻음과 성령의 새롭게 하심으로"입니다. 이제는 에스겔서의 맑은 물로 정결케 한다는 말씀은 디도서의 중생의 씻음을 말하는 것이라고 해도 좋을 것 같습니다.

에베소서 5장 26절은 에스겔서의 예언에 대해 좀 더 많은 것을 가르쳐 줍니다. "이는 곧 [예수께서 교회를] 물로 씻어 말씀으로 깨끗하게 하사 거룩하게 하시고"(엡 5:26).

할렐루야! 그리스도께서는 자신의 몸 된 교회를 깨끗하게 하셨습니다. 말씀 안에서 물로 씻어 깨끗하게 하신 것입니다. 에스겔서에서 예언한 것이 그대로 이루어졌습니다. **하나님의 말씀에 순종하는 사람들은 그 말씀으로 정결하게 됩니다.**

이것을 좀 더 생각해 봅시다. 사도행전 8장 14절 말씀을 봅시다. "예루살렘에 있는 사도들이 사마리아도 **하나님의 말씀**을 받았다 함을 듣고 베드로와 요한을 보내매"(행 8:14). 사마리아에 사는 사람들은 말씀을 받았기 때문에 물로 씻어 정결하게 됨을 얻게 되었습니다. 예수님이 하신 말씀을 기억하시지요? "너희는 내가 일러준 **말로** 이미 깨끗하여졌으니"(요 15:3). 베드로도 이런 말을 했습니다. 베드로는 예루살렘에 있는 제자들에게 고넬료에게 복음을 전하러 갔던 일을 간증하면서 고넬료가 천사에게서 이런 말을 들었다는 것을 전해줍니다. "…네가 사람을 욥바에 보내어 베드라 하는 시몬을 청하라 그가 너와 네 온 집이 구원 받을 **말씀을 네게 이르리라**"(행 11:13-14).

그리스도께서 물로 씻어 말씀으로 자신의 몸 된 교회를 정결하게 하셨음을 아시겠습니까? **하나님의 말씀을 받고 순종하는 사람들은 그 말씀으로 정결하게 됩니다.**

어떤 분은 이렇게 말할지도 모릅니다. "그리스도의 보혈이 우리 죄를 정결케 한 것 아닌가요?"

하지만 우리에게 그것을 알려준 하나님의 말씀이 아니라면 우리는 보혈에 대해 전혀 알 수 없었을 것입니다.

그러므로 성령의 내주하심을 예언하시고 약속하신 에스겔서를 통해 첫 번째로 하신 말씀은 맑은 물로 씻어 정결하게 하시겠다는 것입니다. 두 번째로 말씀하신 것은 그 사람의 영적 본성spiritual nature이 바뀐다는 것입니다. 하나님께 감사합니다. "또 새 영을 너희 속에 두고 새 마음을 너희에게 주되…"(겔 36:26)라는 말씀을 기억하실 것입니다. 이 말씀은 우리의 영spirit이 새롭게 태어날 것을 말하고 있습니다.

그리고 세 번째로 에스겔서의 예언이 말씀하고 있는 것은 하나님께서 자신의 영을 우리 가운데 두시겠다는 것입니다. "또 내 영을 너희 속에 두어 너희로 내 율례를 행하게 하리니 너희가 내 규례를 지켜 행할지라"(겔 36:27). 하나님께서 영을 우리 가운데 두셔서 우리로 하여금 율례를 따르며 규례, 즉 하나님의 말씀을 지키도록 하시겠다는 것입니다.

내주하시는 성령과 협력함

내주하시는 성령께서 우리 안에서 일하시도록 하려면 우리도 성령님과 협력해야 합니다. 이를 위해서 세 가지를 마음에 새겨두어야 합니다.

첫째 : 계속해서 성령의 새롭게 하심을 받아야 합니다.

둘째 : 성령 안에서 행해야 합니다. 그럴 때 우리를 향해 하나님이 원하시는 길을 완전히 알게 됩니다.

셋째 : 성령의 방법을 배워야 합니다. 이것은 매일의 삶 속에서 하나님의 사랑의 인도하심을 좇아가기 위해서 필요합니다.

첫째 : 성령으로 새롭게 되기

성령으로 새롭게 되는 것에 대해 좀 더 자세히 알아봅시다. 지금 우리와 함께 하시는 성령님은 우리의 일상생활에 많은 유익을 주기 원하시지만, 이 유익을 누리려면 먼저 하나님의 능력을 통해 우리의 영이 소생되어야 합니다. 우리의 영은 성령으로 인해 소생됩니다.

우리의 영이 날마다 새롭게 되는 것이 왜 중요할까요? 고린도후서 4장 16절을 봅시다. "…그러므로 우리가 낙심하지 아니하노니 겉사람은 낡아지나 우리의 속은 날로 새로워지도다"(고후 4:16).

여러분도 아시다시피 우리의 몸은 점차 늙어갑니다. 우리의 믿음이 강하면 어느 정도는 육신이 늙어가는 것이 지연되겠지만, 어느 누구도 우리 몸이 영원히 늙지 않게 되거나 죽지 않게 할 수는 없습니다. 하지만 우리의 겉사람이 후패할 때(늙어갈 때) 우리의 속사람은 어떻게 됩니까? 우리의 속사람은 날로 새롭게 됩니다.

우리의 속사람이 어떻게 날로 새롭게 되어질까요? 먼저, 우리는 새로 태어날 때 성령으로 말미암아 재생산 또는 재창조 됩니다(딛 3:5). 성령으로 인해 우리 영이 거듭나고 새로운 영이 시작되었듯이, 거듭난 영이 날마다 새롭게 되도록 하는 힘도 성령께서 주십니다. 우리 안에 내주하시는 성령이 우리의 영을 새롭게 합니다.

에베소 교회를 위한 바울의 기도를 살펴보면 우리의 영을 날마다 새롭게 하며 강하게 하는 것이 성령임을 알 수 있습니다.

> 그 영광의 풍성함을 따라 그의 성령으로 말미암아 너희 속사람을 능력으로 강건하게 하옵시며 엡 3:16

바울은 하나님의 자녀는 성령으로 말미암아 속사람을 강하게 하며 새롭게 해야 한다고 말합니다.

성령충만을 한 번 받았다고 해서 그것으로 충분한 것이 아님을 잘 아실 것입니다. 영적으로 강해지려면 우리의 영이 날마다 새롭게 되어야 합니다. 지속적으로 성령충만하여 흘러넘치는 정도까지 이를 때 우리의 영은 새롭게 되며 강해집니다.

에베소서 5장 18절을 봅시다. 바울은 하나님의 자녀들에게 지속적으로 성령충만을 받으라고 권면합니다. 여기서 말하는 하나님의 자녀는 거듭나고 성령세례를 받은 사람을 말합니다.

> 술 취하지 말라 이는 방탕한 것이니 오직 **성령으로 충만함**을 받으라[원어: 지속적으로 충만을 받으라] 시와 찬송과 신령

한 노래들로 서로 화답하며 너희의 마음으로 주께 노래하며
찬송하며 엡 5:18,19

지속적으로 성령으로 충만함을 받으면 기쁨과 찬양의 영이 활기 있게 됩니다. 지속적인 성령충만은 하나님의 자녀를 강하고 새롭게 할 뿐 아니라, 그의 찬양의 영을 활기 있게 하고, 그를 바라보는 불신자도 그의 활기찬 찬양의 삶에 이끌려 자기도 그런 하나님의 자녀의 삶을 살고 싶어 하도록 만듭니다.

어떤 목회자와 대화를 나눈 적이 있었습니다. 그는 젊은 시절에 구원을 받았는데 어느 성도의 삶을 본 것이 구원의 계기가 되었습니다. 그 성도는 언제나 성령충만하며 기쁨이 넘치는 삶을 사는 방법을 잘 알고 있었습니다.

그 목회자가 젊었을 때 미국은 대공황시기였습니다. 아버지가 일찍 돌아가셨기 때문에 장남인 그가 남은 가족의 생계를 책임져야 했습니다. 그는 고등학교를 그만두고 힘겨운 막노동을 해야 했습니다.

그는 삶을 비관한 채 자신에게 닥친 불행에 대해 불평하며 찡그린 얼굴로 모든 사람을 대했습니다. 그런 삶을 살던 어느 날, 그는 자신이 일하는 도로 공사장에서 동료 일꾼을 만나게 되었는데, 그 사람에겐 심술이나 부정적인 모습이 없었습니다. 그는 언제나 웃고 다녔으며 기쁨이 가득했습니다.

궁금해진 젊은이는 어느 날 그 동료 일꾼에게 물어보았답니다. "참 알 수 없군, 자넨 나보다 별로 나은 것이 없잖아. 자네도 나처럼 가족을 위해 열심히 일해야 하는 처지인데 도대체 어떻게 날마다 그렇게 기뻐할 수 있나? 날마다 무슨 즐거운 노래를 그렇게 부르냔 말일세.

난 도무지 기쁜 일이라곤 없다네. 난 날마다 잠들 때 이렇게 자다가 죽어서 내일은 눈을 뜨지 않게 되기를 바라지. 그리고 아침에 눈을 뜨면 이런 삶을 또 살아야 한다는 것에 치를 떨곤 한다네. 그런데 자넨 어떻게 그렇게 기뻐할 수 있나?"

그 동료 일꾼은 이렇게 대답했습니다. "내가 기뻐할 수 있는 것은 단 한 가지 예수님 때문이지. 나는 거듭났어. 그것이 전부라네. 이번 주일엔 자네도 나와 함께 교회에 가지 않겠나?"

"교회에 가면 나에게도 뭔가 좋은 일이 있을까? 나도 자네처럼 기쁨의 영을 갖고 싶군."

"교회는 자네가 기쁨의 영을 얻을 수 있는 바로 그런 곳이라네."

후에 목회자가 된 이 젊은이는 교회에 갔던 경험을 들려주었습니다.

"제가 그 동료 일꾼을 따라 교회에 가보니 그곳에 모인 사람들이 모두 기쁨이 가득하더군요. 알고 보니 그곳에 나온 모든 사람들이 저와 비슷한 처지의 어려운 환경에 놓인 사람들이었어요. 그런데도 그들은 행복해했고 기뻐했지요. 나같이 인상을 쓰거나 부정적인 사람은 없었어요. 저는 그들이 가진 것을 가져야겠다고 결심하고 강단 앞으로 걸어 나가 예수님을 영접했지요."

무엇이 그 젊은이로 구원을 얻게 했는지 말할 필요도 없겠지요. 그는 믿는 사람들이 기쁨과 찬양으로 가득한 모습에 강한 인상을 받았고 그것에 이끌렸습니다. 그 교회의 성도들은 모두 어떻게 지속적으로 성령충만을 받는지 잘 알고 있었습니다!

여러분도 잘 아시겠지만, 우리의 기쁨은 환경에서 오는 것이 아닙니다. 우리의 기쁨은 예수님에게서 오는 것입니다! 예수님에게 우리의 초점을 맞추고 예수님의 영이 우리의 영을 날마다 새롭게 하도록 한다면, 활기가 가득한 기쁨과 찬양의 영을 지속시킬 수 있습니다.

어떻게 우리의 속사람을 새롭게 할 수 있을까요? 물론 자동적으로 그렇게 되는 것은 아닙니다. 성경이 말하고 있어도 저절로 그렇게 되는 것은 아닙니다. 이를 위해 우리가 할 일이 있습니다. 하나님의 말씀을 통해 그리고 기도를 통해 하나님을 추구해야 합니다. 우리가 그렇게 한다면 성령께서 반드시 우리의 영을 새롭게 하고 강하게 할 것이라고 약속하는 성경 말씀이 있습니다.

오직 여호와를 앙망하는 자는 새 힘을 얻으리니 독수리의 날개치며 올라감 같을 것이요 달음박질하여도 곤비치 아니하겠고 걸어가도 피곤치 아니하리로다 사 40:31

본문 말씀 중 "주를 앙망하다wait upon the Lord"라는 말은 주님과 '매우 밀접한 관계를 가지다', '기대하다', 또는 '인내심을 가지고 바라보다' 라는 의미입니다. 하지만 하나님이 우리의 영을 새롭게 하고 강하게 해주시기를 기다리기만 하는 소극적인 태도를 말하는 것은 아닙니다. 그보다는 매우 친밀한 교제 속에서 우리 자신을 그분의 말씀과 그분께 단단히 묶는 것을 의미합니다. 우리가 부지런히 하나님을 찾으면 하나님께서는 우리를 위해 말씀이 우리 삶에 그대로 이루어지도록 하실 것입니다.

이렇게 생각하시는 분이 있습니다. '난 믿음으로 행하고 있고, 하나님의 말씀을 날마다 고백하고 있지. 내 영이 강해지고 새롭게 되기에 필요한 모든 것을 행하고 있단 말이야.' 이 분의 생각처럼 하나님께서 우리를 강하게 하시려고 말씀을 주신 것을 감사합니다! 다만, 우리의 영이 강해지기 위해서는 한 가지가 더 필요합니다. 그것은 하나님 앞에서 기도로 조용히 기다리는 시간을 갖는 것입니다. 우리 영이 강하게 되고 새롭게 되는 데 하나님의 말씀이 매우 중요한 것은 틀림없지만, 말씀을 고백하는 것만으로 기도의 시간을 대체할 수는 없습니다. 우리에겐 말씀과 기도 모두가 꼭 필요합니다.

오순절교단에서는 종종 '성령을 기다리는 집회'를 가지곤 했는데, 하나님께서 이 시간을 사용하셔서 오순절교단 성도들에게 은혜와 진리가 충만하도록 하셨음은 널리 알려진 사실입니다. 하나님 앞에서 조용히 기도와 찬양으로 기다리는 시간을 통해 오순절교회 성도들 중 많은 분들이 놀라운 일들을 많이 체험했습니다. 하지만 성령세례는 다릅니다. 성령세례를 받기 위해서는 이런 기다림이 필요 없습니다. 많은 성도들이 성령세례를 받기 위해 기다리며 헛되이 시간을 보냄으로 결국 성령세례의 체험을 놓쳐버리고 맙니다. 믿는 자들은 성령의 충만을 기다릴 필요가 없습니다. 성령충만을 받는 성경적인 체험은 이미 믿는 자들에게 속한 것이기 때문입니다(행 2:39).

성령세례는 그리스도 안에서 믿음으로 의롭게 된 자들에게 허락된 상속재산의 일부입니다. 이미 허락된 성령세례를 우리가 믿음으로 취하는 행동을 통해 이 초자연적인 체험, 즉 성령세례를 즉시 받게 됩니다. 이렇게 믿음으로 성령세례를 받은 후에 주님 앞에서 기도와 찬양으로 잠잠히 기다리는 시간을 통해 성령에 의해 우리의 영이 강하게 되고 새롭게 되도록 하는 것이 필요합니다.

이사야서 40장 31절은 믿는 자들의 영적 강건함에 대한 말씀이지만, 만일 어떤 믿는 사람이 영적으로 새롭게 되고 강건해진다면 그로 인해 그의 전 존재, 즉 영과 혼과 육이 모두 강건하게 된다는 것을 저는 확실히 믿습니다.

우리 영이 말씀과 성령으로 날마다 새롭게 된다면, 그로 인해 우리 마음mind도 영향을 받습니다. 우리의 마음은 우리 혼soul의 일부입니다. 로마서는 마음을 새롭게 하라고 말하고 있습니다.

> 너희는 이 세대를 본받지 말고 오직 마음mind을 새롭게 함으로 변화를 받아 하나님의 선하시고 기뻐하시고 온전하신 뜻이 무엇인지 분별하도록 하라 롬 12:2

하나님의 말씀을 통해 우리들의 마음이 새롭게 될 수 있다는 것은 진리입니다. 하지만 말씀을 암송하거나 고백하는 것만으로는 마음을 새롭게 할 수 없습니다. 이런 것들도 필요하지만, 이것만으로는 부족합니다. 마음을 새롭게 하는 것은 단번에 끝나는 것이 아닙니다. 우리가 말씀을 연구하고 묵상할 때 성령께서 개입하셔서 마음을 새롭게 하시는 것입니다 (요한복음 16장 13절을 보십시오).

우리의 영이 날마다 새롭게 된다면 그것은 우리 몸에도 좋은 영향을 줍니다. 우리가 하나님을 추구할 때 하나님께서 우리의 청춘을 독수리같이 새롭게 하실 것이라고 성경은 말합니다.

> 내 영혼아 여호와를 송축하며 그 모든 은택을 잊지 말지어다… 좋은 것으로 네 소원을 만족케 하사 네 청춘을 독수리같이 새롭게 하시는도다 시 103:2,5

사람은 35세에 육체적으로는 최고의 수준에 이르며, 그때가 지나면 나이가 들수록 약해진다고 말합니다. 세상 사람들은 이 말을 모두 믿는 것 같습니다. 하지만 저는 예나 지금이나 이 말이 옳지 않다고 생각합니다.

우리 몸이 나이가 들어 쇠하여진다고 해도 하나님께서는 우리 육신을 활기 있게 하시겠다고 약속하셨습니다(롬 8:11). 성령에 의해 우리의 영이 새롭게 되면 우리 몸도 좋은 영향을 받게 되어 우리 육신이 젊어지게 됩니다.

실제로 사람이 나이가 들면 육신은 약해진다고 믿는 몇몇 목회자들을 본 적이 있습니다. 그들은 은퇴할 수 있는 나이가 되기도 전에 벌써 육신이 쇠약해지는 것을 보았습니다. 그들은 겨우 55세가 되었을 때, 백 살이 넘은 노인의 모습으로 변해버렸습니다.

이사야서의 말씀이 말하고 있는 진리를 알아차렸던 어느

목회자를 기억합니다. 그가 이사야서의 말씀을 깨달은 것은 이미 나이가 든 뒤였습니다. 이 목회자는 60세가 넘도록 목회를 시작도 하지 않고 있었습니다. 하지만 그는 63세에서 82세 사이에 그의 생애에 가장 큰 사역을 행했습니다. 그가 75세가 되었을 때 그가 사는 주州의 오순절교단에서 가장 활발한 사역을 하는 사역자가 되어있었습니다.

젊었을 때 그는 하나님께서 자신을 사역자로 부르신다는 것을 알았습니다. 하지만 그의 아내가 사역자로서 필요한 헌신을 하기를 원치 않았기 때문에 그도 아내와 함께 농장에 있는 자기 집에 머물러 아이들을 양육했습니다. 시간이 흘러 아이들이 모두 성장해서 독립하게 되자 이 사람은 아내에게 이렇게 말했습니다. "나는 하나님의 부르심을 따르려고 합니다. 당신이 나와 함께 간다면 더할 나위 없이 좋겠지만, 만일 당신이 나와 함께 가기를 원치 않는다면 계속 농장에 머물러 있어도 좋습니다. 당신의 생활비는 내가 계속 공급하겠습니다. 당신이 어떻게 하든 나는 하나님께 순종할 생각입니다."

이 목회자가 사역을 시작할 준비를 하는 동안 사탄이 찾아와서 말했습니다. "이봐, 자네의 몸을 한번 봐. 벌써 60세가 되었잖아. 이미 사역을 해야 할 시간들은 지나가 버렸고 그 몸으로는 지나간 사역의 시간을 회복할 수 없지 않겠어? 자네의 사역은 벌써 끝나 버렸다고."

하지만 그때 그는 하나님이 그의 청춘을 독수리 같이 새롭게 하신다는 시편 103편 5절 말씀을 읽게 되었습니다. 그 성경구절이 말하는 의미를 잘 알 수 없었던 그는 도서관으로 가서 독수리에 대한 책을 읽기 시작했습니다.

독수리는 여러 해를 사는 새인데, 나이가 들면 부리가 약해지고 그렇게 되면 결국 죽게 된다는 것을 알게 되었습니다. 왜냐하면 동물을 사냥해야 하는 부리가 약해지면 먹고 살 수 없기 때문입니다.

그러나 늙은 독수리는 포기하고 죽지 않습니다. 독수리는 나이가 들어 부리가 약해졌을 때에 어딘가로 날아가 바위를 찾아내고는, 자기의 낡은 부리가 떨어져 나갈 때까지 부리를 바위에 부딪쳐서 결국 그 낡은 부리가 떨어져 나간 뒤에 새로운 부리를 얻게 됩니다.

이 목회자는 독수리 이야기를 읽으면서 깨달은 것을 굳게 붙잡았습니다. 그도 자신의 나이 든 몸을 세월의 돌에 부딪쳐 깨뜨리고는 하나님께서 자신의 속사람을 성령으로 강하게 해주셔서 독수리같이 새롭게 해주실 것을 믿었습니다. 그는 사역을 시작했고, 20년이 흐른 80세의 나이에도 자신의 교단에서 가장 활발하게 사역을 하는 사역자가 될 수 있었습니다.

예수님은 곧 다시 오십니다. 예수님은 자신이 다시 오시기 전에 이 땅 위의 귀한 영혼들을 추수하기 원하십니다(약 5:7).

이 일을 위해 마지막 때에 이 땅에 하나님의 큰 부흥이 올 것입니다. 저는 하나님께서 제 영과 혼과 육을 새롭게 하시는 것을 믿음으로써 그 하나님의 부흥의 역사 한가운데에 머물러 있을 것입니다.

여러분도 그렇게 하십시오. 내주하시는 성령이 베푸시는 귀한 축복을 받지 못한 채 삶을 헛되이 흘려보내는 사람이 되지 마십시오. 말씀과 기도로 주님 앞에 충분히 오랫동안 머물러 기다리십시오. 그렇게 기다리는 동안 주님께서 여러분의 영을 날마다 새롭게 하실 것입니다. 이런 과정을 통해 여러분의 영, 혼, 육이 모두 새롭게 되어 하나님께서 새롭게 지으신 풍성한 생명을 맛보며 그 안에서 살고 행하게 될 것입니다.

제 3 장

성령 안에서 행하기

지금까지 내주하시는 성령과 협력하기 위해 우리가 마음에 두어야 할 세 가지에 대해 살펴보았습니다. 지금까지 그 첫 번째인 "성령으로 새롭게 되기"에 대해서 자세히 살펴보았습니다. 두 번째로 마음에 두어야 할 것은 "성령 안에서 행하기"입니다. 바울은 경건함이란 단어를 사용해서 영 안에서 행할 것을 권면합니다. 디모데전서 4장 8절을 봅시다.

> 육체의 연습은 약간의 유익이 있으나 경건은 **범사**에 유익하니 **금생**과 **내생**에 약속이 있느니라 딤전 4:8

많은 성도들이 하늘나라의 소망으로 인해 기뻐합니다. 하늘나라에 가는 것은 틀림없는 사실이지요. 앞으로 우리가 가게 될 하늘나라로 인해 하나님께 감사드립니다. 하지만 그때까지는 이 땅에서 지금까지 우리가 살아온 것과 같은 삶을 살아야 합니다. 디모데전서 4장 8절에서 바울은 이 땅에서의 삶과 하늘나라에서의 삶을 모두 다루고 있습니다. 우리는 이 땅에서의 삶과 하늘나라에서의 삶 모두에 대해 마음을 두어야 합니다. 하지만 많은 성도들이 한 쪽의 삶에 대해서만 관심을 가지고 있습니다.

우리는 오랫동안 어떤 사람들은 너무나 하늘에만 마음을 두고 있어 이 땅에서는 더 이상 쓸모가 없다는 말을 들어왔습니다. 하늘나라에 관심을 갖는 것은 좋습니다만, 극단적으로 그렇게 해서는 곤란합니다.

반면에 어떤 사람들은 지나치게 이 땅에만 마음을 두고 있어서 하늘나라에 아무런 소용이 없는 사람들도 있습니다. 그들은 오직 이 땅에서의 삶에 대해서만 마음을 둡니다. 디모데전서 4장은 하나님께서는 우리의 이 땅에서의 삶과 앞으로 우리가 살아야 할 하늘나라에서의 삶 모두에 관심이 있으시다는 것을 알려줍니다. "…**금생**과 **내생**에 약속이 있느니라…"

시편 103편에서도 동일한 말씀을 찾아볼 수 있습니다. 시편 103편은 종종 신유에 대해 설교할 때나 가르칠 때 사용됩니다. 물론 당연히 그렇게 해야 합니다!

> 내 영혼아 여호와를 송축하라 내 속에 있는 것들아 다 그의 거룩한 이름을 송축하라 내 영혼아 여호와를 송축하며 그의 모든 은택을 잊지 말지어다 그가 네 모든 죄악을 사하시며 네 모든 병을 고치시며 시 103:1-3

우리의 죄악을 용서하시고 우리를 치료하신 하나님을 찬양합니다. 하지만 하나님께서 우리를 위해 하신 일은 그것뿐이 아닙니다. 시편 103편의 4절과 5절을 계속 살펴봅시다.

> 네 생명life을 파멸에서 속량하시고 인자와 긍휼로 관을 씌우시며 좋은 것으로 네 소원을 만족하게 하사 네 청춘을 독수리 같이 새롭게 하시는도다 시 103:4-5

4절의 속량은 "구원하다"라는 뜻입니다. 여기서 시편 기자는 자신을 속량, 즉 구원해 주신 것에 대해 하나님을 찬양하고 있습니다. 즉 그의 이 땅에서의 삶earthly LIFE이 파멸되지 않도록 해주신 것을 찬양하고 있는 것이지요. 새로운 약속, 즉 신약의 말씀인 히브리서 8장 6절에 따르면, 이 은혜는 지금 이 시대의 우리 믿는 자들에게도 동일하게 허락되었습니다.

제가 하는 말을 주의 깊게 듣기 바랍니다.

우리가 그러한 곤경에서 자유로워지는 기쁨을 누릴 수

있게 하시려고 하나님께서 그의 영을 보내셨습니다. 그의 영은 우리를 거룩하게 구별하셨으며, 우리의 평화를 깨뜨리고 우리의 건강을 해치는 것들로부터 벗어나도록 하셨습니다. 영으로 행한다는 것은 경건함으로 행한다는 것입니다.

하나님께서 우리에게 성경을 주신 것을 감사드립니다. 혹시 이런 것을 생각해 본 적이 있으신지요? 예수님이 오신 뒤로 지금까지 약 2천년이라는 상당히 오랜 기간 동안 일반 성도들은 읽을 수 있는 성경을 갖지 못했습니다. 바울이 쓴 서신서는 단지 그들이 모인 장소에서 큰 소리로 낭독되었을 뿐이며, 자기 집으로 가져갈 수 없었습니다. 인쇄된 성경이 없었으니까요. 그렇다면 그들은 지금 이 시대의 우리들보다 더욱 더 성령에 의지한 신앙생활을 해야만 했을 것입니다.

하나님께 감사하게도 오늘날 우리들은 인쇄된 성경을 가지고 있습니다. 그러므로 우리들은 지난 수세기 동안의 성도들보다 더욱 더 깊은 영성을 가지고 있어야 합니다. 그러나 우리가 매우 주의해야 할 것이 있습니다. 우리는 하나님의 영의 인도하심을 무시하고 성경 그 자체에만 집착하는 잘못을 행할 수 있습니다. 우리 안에 내주하시는 성령을 완전히 무시한 채 우리의 이성에 의지해서 성경지식만을 쌓아가는 일이 일어날 수 있다는 것입니다. 고린도후서 3장 6절 말씀을 보십시오. "…율법 조문은 죽이는 것이요 영은 살리는 것이니라"(고후 3:6).

하나님께서 우리를 위해 예비하신 복된 삶을 살기 위해서는 영으로 행하는 것을 배워야 합니다. 하나님께서 에스겔 선지자의 예언을 통해 거듭난 사람의 삶에 대해 말씀하셨습니다. "또 내 영을 너희 속에 두어 너희로 내 율례를 행하게 하리니 너희가 내 규례를 지켜 행할지라"(겔 36:27).

하나님께서 말씀하신 것의 의미는 이것입니다. "너희 안에 내주하고 있는 내 영이 너희로 하여금 내 말(성경)에 따라 살도록 해줄 것이다." 제 말을 오해하지는 마십시오. 하나님의 말씀은 우리가 꼭 알아야 하는 것입니다. 그러나 오랜 제 경험을 통해 알게 된 것은 제가 하나님의 말씀을 잘 알고 있지 못한 때에라도 성령께서 저에게 가르쳐주신 것들은 모두 하나님의 말씀과 일치되는 가르침이었다는 것입니다. 이는 제가 성령의 인도하심을 듣고 따르는 법을 알고 있었기 때문이었습니다. 어떤 일에 대해 성령의 인도하심을 받고 나서 수년이 지난 후에 성경이 그 인도하심과 일치한다는 것을 알게 된 경우가 종종 있었습니다. 저는 그 성령의 인도하심과 일치하는 그 구절을 보면서 하나님께 이렇게 말했습니다. "하나님! 찬양합니다. 하나님의 영이 저를 인도하셨군요. 저를 인도하신 것과 일치하는 성경구절이 이렇게 성경에 있었네요."

시편 103편 4절을 다시 보십시오. "네 생명을 파멸에서 속량[또는 구원]하시고 인자와 긍휼로 관을 씌우시며"(시 103:4).

앞에서 말씀드린 대로 하나님께서는 우리에게 영을 보내셔서 우리를 거룩하게 구별하사 우리를 파괴하거나 질병에 걸리게 하거나 다치게 하거나 평화를 깨뜨리는 일체의 것들로부터 우리를 자유롭게 하셨습니다.

성령의 인도하심을 무시하지 마십시오

제 친구 목회자의 이야기입니다. 그 목회자는 텍사스에 있는 교회를 담임하고 있었는데 저는 그 교회에서 여러 번 말씀을 전했었고, 그 목회자가 캘리포니아에 있는 다른 교회의 목회를 맡게 되었을 때는 제가 그 교회에 가서 말씀을 전했습니다. 그와 함께 오랜 시간을 보내면서 그를 잘 알게 되었는데, 그는 참으로 훌륭한 믿음의 사람이었습니다. 그가 목회하던 교회에서 많은 치유의 역사가 일어났습니다. 그 교회에서는 제가 아는 어떤 교회에서보다도 많은 치유의 역사가 나타났습니다. 그가 캘리포니아에 있는 교회에서 사역할 때였는데 그는 휴가를 얻어 아내와 함께 가족이 있는 텍사스로 가기 위해 운전하고 있었습니다. 수십 년 전이었으므로 고속도로 사정이 좋지 못해서 여행하는 데에는 지금보다 더 많은 시간이 소요되었습니다.

텍사스로 가는 도중 뉴멕시코주 앨버커키에서 하룻밤을 묵고 다음날 아침 다시 텍사스를 향해 출발했습니다. 앨버커키를 막 벗어나자마자 산을 끼고 돌아가는 왕복 2차선 도로를 만났습니다. 비가 내린 뒤여서 길이 매우 미끄러웠습니다. 구부러진 길에 접어들면서 이들이 탄 차가 미끄러지기 시작했습니다. 급히 브레이크를 밟았지만, 다른 차를 들이 받고 말았습니다.

이들이 충돌한 차는 이미 다른 차들과 충돌을 일으켜서 얽혀있었을 뿐 아니라, 사고 뒤에도 연이어 두세 대가 달려와 충돌했습니다. 충돌한 차 안에 있던 어느 여인은 사망했고 이 목회자의 부인도 크게 다쳤으며 이들의 차는 완전히 파괴될 정도로 대형 사고였습니다. 이 목회자와 부인은 모두 하나님의 치유를 믿는 분들이었으므로 바로 그날 하나님의 능력으로 건강을 회복해서 여행을 계속할 수 있었습니다.

그후 또 한 번의 큰 교통사고를 겪은 뒤에 이 목회자는 사역지를 텍사스로 다시 옮겼고, 저는 그의 교회에서 '성령인도 받는 법'[1]에 대해 가르치고 있었습니다. 후에 그분에게서 그때의 일을 자세히 들을 수 있었습니다.

---

[1] 이 주제에 관해 더 알기 원하시면, 케네스 해긴 목사님의 책 「어떻게 하나님의 영으로 인도받을 수 있는가?」를 참조하십시오.

사고가 나던 날 아침에 그들 부부는 일찍 일어나 말씀을 보고 기도를 했습니다. 그리고 부인이 짐을 싸는 동안 이 목회자가 차를 점검하려고 밖으로 나왔습니다. (이제부터 하는 이야기가 중요합니다.) 그는 무언가를 느꼈는데 그의 속으로부터 "십분만 기다려라!"라는 소리가 들리는 것 같았습니다. 하지만 이 목회자는 그 소리를 무시하고 호텔방 안으로 들어가 가방을 가지고 나왔습니다. 차에 가방을 싣고 있을 때 다시 한 번 "십분만 기다려라!"라는 소리가 속으로부터 들려왔지만, 그 목회자는 그 소리를 무시하고 다시 방으로 가서 아내가 떠날 채비를 다했는지 확인했습니다. 호텔 숙박비를 다 치르고 밖으로 나와 차를 탔을 때 또 한 번 같은 소리를 들었습니다. "십분만 기다려라!"

그 목회자는 자기 자신에게 이렇게 말했습니다. "나는 하나님이 보호하실 것이라는 말씀을 선포하노라. 이제 더 이상 기다릴 아무런 이유가 없어. 갈 길도 멀고 이제 텍사스로 계속 여행을 해야지." 그렇게 고백한 후에 출발했는데 앨버커키를 떠나고 얼마 되지 않아 사고를 당했던 것입니다.

하나님의 말씀을 믿고 고백하는 것은 옳은 일입니다. 하지만 성령께서 무언가를 말씀하실 때는 그 말씀에 순종하는 것이 좋습니다. 그분께서는 우리를 파멸에서 구속하기를 원하시기 때문입니다. 성령께서 아무 말씀도 하지 않으신다면 우리는 고백하는 말씀을 붙들고 계속 앞으로 걸어가야 합니다. 하지만 성령께서 우리 속으로부터 무언가를 말씀하실 때 우리가 그 말씀을 무시한다면, 비록 하나님의 보호하심과 화를 면케 하심에 대한 고백을 하루 종일 한다 할지라도, 우리는 그 목회자가 겪었던 것과 같은 어려움을 당하게 될 것입니다.

그 목회자는 위대한 믿음의 사람이었습니다. 하나님께 감사하게도 그는 사고를 당한 뒤에도 믿음을 포기하지 않았습니다. 그의 믿음은 그의 아내의 생명을 구했습니다. 사고를 당한 뒤에 그녀는 의식을 잃었고 의사들은 그녀가 곧 죽게 될 것이라고 말했습니다. 그 의사들은 만일 그녀가 의식이 돌아온다고 해도 여생을 정신적으로나 육체적인 불구로 지내야 할 것이라고 생각하고 목회자를 설득해서 기도를 하지 않도록 하려고 애를 썼습니다. 결론적으로 그 목회자는 기도했고 기도한지 한 시간 만에 그의 아내는 침대에서 일어나 병원을 떠났습니다.

그 목회자는 위대한 믿음의 사람이었고 하나님을 믿는 사람이었지만, 그럼에도 불구하고 그는 성령의 음성에 순종했어야만 했던 것입니다.

솔직히 말씀드리면, 이 목회자 이야기를 인용할 필요도 없습니다. 저 역시 똑같은 실수를 했으니까요. 저도 성령의 내적인 감동을 무시해서 한 번 이상 재정적인 어려움을 겪은 경험이 있습니다. 물론 저는 모든 번영의 말씀을 고백하고 있었으며 옳은 것만을 말했습니다. 하나님께서는 제가 번영하기를 원하신다는 것을 믿고 있었으므로 하나님께서 제가 번영하기를 원하신다는 내용의 모든 말씀을 믿고 또 고백했습니다. 그런데 성령님께서 제 삶의 어떤 특별한 상황에서 저를 도와주시려고 하셨지만 저는 성령님의 그 음성에 순종하지 않았습니다.

1940년대에 저는 믿음에 대해 지금처럼 잘 알지는 못했지만 어느 정도는 알고 있었습니다. 제가 마지막으로 목회를 했던 교회에서 사역을 할 때였는데, 제가 생각하기에 이익이 될 것 같은 사업에 수백 달러를 투자했습니다. 그때 제 속의 무엇인가가 그곳에 투자하지 말라고 말했지만, 저는 그냥 투자해버렸고 결국 돈을 모두 날려버렸습니다. 그 당시 수백 달러는 지금 돈으로 수천 달러가 될 것입니다.

제가 지금 알고 있는 어떤 것들은 실수를 통해 배운 것들입니다. 만일 우리가 어딘가에서 상처를 입었다면, 배운 교훈을 쉽게 잊지는 않을 것입니다. 하지만, 여러분이 저를 통해 여러분 안에 내주하신 성령의 소리에 귀를 기울이는 방법을 배울 수만 있다면, 여러분들은 굳이 실수를 할 필요가 없을 것입니다.

제 속의 무엇인가가 저에게 투자하지 말라고 말했을 때 그 목소리는 하늘을 울리는 우레와 같은 소리가 아니었습니다! 외부로부터는 아무 소리도 듣지 못했습니다. 그것은 제 속의 영으로부터 들리는 소리였습니다. 그 소리는 내적 직감inward intuition이라고 말하는 그것이었습니다. 때때로 그런 소리는 실제로 큰 목소리처럼 들릴 수도 있습니다. 제가 그때 들은 소리는 내적 증거inward witness 이상의 것으로서, 저의 영 안에서 "거기 투자하지 마라."라고 말했습니다. 하지만 저는 그 내적 인도를 무시하고 제 머리가 시키는 대로 행했습니다.

그때 저는 번영에 관한 성경 말씀을 생각하고 있었습니다. "…그가 하는 모든 일이 다 형통하리로다"(시 1:3). 그러나 불순종으로 행하고 있다면 그 말씀처럼 형통하지 못할 것입니다. 우리 중 누군가는 이렇게 말할지도 모릅니다. "나는 이 일이 이루어질 것이라고 약속하신 성경 말씀을 알고 있어. 그러니까 이 계획은 틀림없이 이루어질 거야. 나는 말씀에 의지해서 성공을 주장하겠어. 그리고 사탄의 목소리 따위엔 귀를 기울이지 않을 거야." 하지만 우리 중 너무나도 많은 사람들이 우리에게 무엇인가를 하라고 또는 하지 말라고 말하는 목소리가 사탄의 목소리인지 하나님의 음성인지를 구분하는 법을 배우지 못했습니다. 믿음의 고백은 굳게 붙들어야 합니다. 그리고 동시에 우리 내부의 하나님의 영의 소리를 알아채서 그 소리에 순종하는 것도 배워야 합니다.

텍사스에서 수백 달러에 달하는 돈을 투자하지 말라고 한 내부의 소리를 들었을 때 그것은 마치 제가 제 이름을 분명히 알고 있는 것처럼 분명한 것이었습니다. 하지만 저는 소리를 무시하고 투자했고, 결국 실패했습니다. 제가 한 행동은 성령을 근심하게 한 것이므로 제 손실을 회복하는데 꽤 오랜 시간이 걸렸습니다.

1950년대에 저는 이런 비슷한 실수를 다시 한 번 저질렀습니다. 캘리포니아주 롱비치에 있는 제일 포스퀘어 교회First Foursquare Church에서 열렸던 집회를 마치고 레돈도에 있는 같은 이름의 교회에서의 집회를 준비하고 있었습니다. 이동식 가옥은 이미 레돈도의 이동식 가옥을 위한 주차장으로 옮겨 놓았었습니다.

사람마다 개성이 있는데, 저는 새벽보다는 밤중에 일하는 스타일이어서 늦게 잠자리에 듭니다. 하루 중 밤늦은 시간에 가장 정신이 맑습니다. 아침 시간은 제게 맞지 않았기 때문에 저는 주로 밤늦은 시간을 이용해 말씀을 공부하곤 했습니다.

제가 어디에 있든지 대개 밤 12시에서 새벽 2시 사이에 잠자리에 들기 때문에 잠자리에서 일어나는 시간은 늦은 아침이 됩니다. 아침 10시쯤 집회가 있는 날이면 그 집회에 늦지 않을 정도의 시간에 맞추어 일어났습니다. 집회가 시작되기 전에 일찍 일어나 다른 일로 마음을 빼앗기는 것을 원치 않았습니다. 성경을 가르치는 집회에만 집중하고 싶었습니다. 전날 밤에도 늦게 잠자리에 들었는데 그날 아침은 평소와 달리 이른 시간에 마치 해가 뜨듯이 잠에서 깨어났습니다. 물론 그동안에도 몇 번은 전날 밤에 아무리 늦게 잠이 들었어도 아침에 일찍 일어났던 날이 있기는 했습니다만, 일상적인 것은 아니었는데 이날 아침엔 이른 시간에 깊은 잠에서 깨어 순식간에 벌떡 일어났습니다. 그 전날 제가 머리를 서쪽으로 향한 채 잠을 잤던 것을 기억할 정도로 그날의 기억이 생생합니다.

평소와 달리 해가 막 떠오르려는 시간에 일찍 잠에서 깨어났던 그날 아침에, 귀로 들을 수 있는 소리는 아니었지만 거의 귀로 들을 수 있는 것처럼 명확한 소리를 듣게 되었는데, 그 소리는 마치 누군가가 저에게 말하는 것 같았습니다. "경제가 어려워질 것이다. 경제공황 같은 심한 침체는 아니지만 경기가 침체될 것이다. 이에 대비하도록 해라." 이때가 1956년 5월이었습니다.

그렇지만 저는 그 소리에 주의를 기울이지 않았습니다. 성령께서 그때 그 말씀을 주셨을 뿐 아니라 두 달 후에 다시 한 번 초자연적인 체험을 통해 경제가 어려워질 것을 알려 주셨지만, 저는 그것도 그냥 흘려보냈습니다. 경기침체는 1957년부터 시작되었습니다. 1957년도에는 일 년 내내 한 달에 100불씩 지출이 수입을 초과하는 상태가 이어졌습니다.

성령 안에서 행하기

여유자금이 없는 정도를 말하는 것이 아닙니다. 생활을 겨우 유지했고, 한 달에 100불씩 수입이 모자란 상태가 이어진 것입니다. 우리 가족을 살린 것은 생명보험이었습니다. 제가 일찍 죽을지 몰라서 생명보험에 가입한 것은 아닙니다. 난 젊은 나이에 죽지 않을 것을 알고 있었으니까요. 제가 가입한 생명보험은 노후보장보험이었습니다. 그때 제 수입이 넉넉하지 못했으므로 저축할 여유는 없었습니다. 돈을 아껴서 써야 했지만 돈을 써야 할 곳이 널려있었으므로 그렇게 하기가 쉽지 않았습니다.

그래서 노후보장보험에 가입했습니다. 20년 동안 보험료를 내야 하는 보험으로 모두 4건이었는데 모두 보험료가 납부된 상태였습니다. 이렇게 보험에 가입하는 것이 제가 저축하는 법이었습니다. 이 노후보장보험증서를 가지고 은행에서 돈을 빌려, 매달 부족했던 수입을 어떻게 해서든지 충당하려고 했습니다. 그때 제게 다른 담보가 될 만한 것이 없었으므로 이 노후보장보험증서를 가지고 간 것입니다. 그런데 이 노후보장보험증서는 충분한 담보가치가 있었습니다. 그래서 돈을 빌릴 수 있었고 그 돈으로 계속 생활할 수 있었습니다.

그리고 어려움이 있는 동안 계속 기도했습니다. 어떻게 했느냐고요? 우리끼리 하는 말이지만, 정말 열심히 기도했습니다. 경제적인 어려움을 겪는 그 해에도 제 사역의 다른 분야에는 하나님께서 예전과 같이 복을 주셨습니다. 제가 병든 자에게 손을 얹었을 때 그 사람은 즉시 나았고 믿는 자에게 손을 얹었을 때 그 사람은 성령충만을 받았습니다. 제 사역을 통해 사람들이 구원을 받았습니다. 성령의 은사들도 역사했지요. 하지만 하나님은 저의 재정에 대해서는 한마디의 말씀도 하지 않으셨습니다. 정말 단 한마디도 없었습니다. 제가 성령을 근심케 했으니까요. 일 년 내내 어려움을 참고 견뎌야 했습니다. 정말 괴로운 경험이었습니다.

1957년 12월의 마지막 주일에 텍사스주 포트네치즈에서 집회를 시작했는데, 그 집회는 다음 해까지 이어졌습니다. 1957년 한 해가 다 지나가도록 주님은 저의 재정문제에 대해 한마디의 말씀도 하지 않으셨습니다. 돈을 좀 더 빌려야 했고 은행에도 몇 번 더 들렀습니다. 수입이 부족해서 빌린 돈의 이자조차도 갚지 못할 정도가 되었습니다. 은행에 가서 이 문제로 상담을 했었습니다만, 그 은행원은 제가 그 돈을 갚지 못해도 자기들에겐 큰 문제가 아니라고 했습니다. 제가 상환하지 못해도 자기들은 돈을 회수할 수 있다고 했습니다. 제가 제출한 보험증서가 자기들이 빌려준 돈에 대한 담보로 충분한 가치가 있었습니다.

그 일이 있기 전인 1950년에, 주님은 재정과 번영에 대해서 저를 가르치셨습니다. 저는 재정과 번영에 관한 법칙을 실행에 옮겼으며, 제가 고백한대로 다 이루어졌습니다. 하지만 1957년에는 일 년 내내, 그때까지의 상황과는 반대였습니다. 빚은 점점 늘어갔습니다.

그러다 1958년 초 집회를 하고 있던 어느 날 밤에, 갑자기 중보기도의 영이 우리에게 임했습니다. 제가 기도하자고 말할 필요도 없었습니다. 이미 모든 회중이 바닥에 무릎을 꿇었습니다. 일부는 강단 앞까지 나왔고 다른 사람들은 자신의 자리에 머물러 있었습니다. 저는 여전히 강단에 서 있었는데 예배당을 둘러보니 어느 누구도 의자에 앉아 있는 사람은 없었습니다.

저도 강단에 있는 의자 옆에 무릎을 꿇고 기도하기 시작했습니다. 기도의 영이 그 자리에 임했습니다. 약 45분 내지 1시간 15분을 기도했었을 것입니다. 제가 기도를 마치고 의자에 앉아보니 몇몇 사람들은 아직 강단주변에서 기도를 하고 있었고 또 몇몇 사람들은 의자에 앉아 있었습니다.

의자에 앉아 방언으로 찬양을 하고 있을 때 갑자기, 바로 제 눈앞에 예수님이 서 계셨습니다. 예수님은 저의 사역에 대한 이야기를 포함해서 몇 가지를 말씀하셨습니다. 말씀을 마치시면서 제가 오랫동안 기다렸던 주제에 대해 말씀하셨습니다. "…이제 너의 재정에 대한 이야기를 하려고 하는데…"

휴! 예수님의 말씀을 듣자 저는 안도했습니다. "예, 주님 어서 말씀하세요."

"내가 나의 영으로 너에게 이야기했던 것을 기억하지? 그때 너는 나의 영의 소리에 귀를 기울이지 않았지. 그리고 네가 캘리포니아에 있을 때 너의 이동식 가옥에 천사를 보냈었다. 그때도 네가 듣지 않았기 때문에 나는 너를 내버려둘 수밖에 없었고 어려운 시간을 겪는 것을 지켜볼 수밖에 없었단다."

"예, 주님 참 어려운 시절을 보냈습니다."

그리고 주님은 어떻게 저의 재정을 회복하실지 말씀하시면서, 앞으로 세달 동안 있게 될 일들을 말씀해 주셨습니다. 그리고 그 말씀대로 모든 일이 이루어졌고 저는 재정적인 어려움에서 벗어나게 된 것이 너무 기뻤습니다.

다시 한 번 말씀드립니다. 하나님은 우리가 파멸에서 구속되도록, 즉 우리의 평화와 건강과 번영을 깨뜨리는 것들로부터 우리를 구해내어 이를 즐기게 하시려고 우리에게 그의 영을 보내셨습니다. 우리를 일깨워주시며 가르쳐주시는 성령님이 우리 안에 내주하시는 것은 하나님 아버지의 훌륭한 선물입니다. 하나님께서는 우리를 파멸에서 구속하셨습니다. 그러나 성령 안에서 행하기 위해서는, 반드시 우리 속에서 말씀하시는 성령의 음성을 인식하고 지시대로 따르는 법을 배워야 합니다.

제 4 장

사랑 안에서 행하는 것의 중요성

　우리는 성령의 두 가지 사역, 즉 믿는 자 안에 내주하시는 사역과 또 믿는 자 위에 임하시는 사역을 알아보고 있습니다.
　우리는 내주하시는 성령은 믿는 자 그 자신을 위한 축복이지만(요 4:14), 임하시는 성령, 즉 성령세례는 자신이 아닌 다른 사람들을 위한 것(요 7:38)이라는 사실도 확인했습니다. 즉 성령께서는 믿는 자 각 사람 안에 내주하셔서 그 사람에게 은혜를 주시며, 또한 믿는 자 위에 성령세례로 임하셔서 그 사람으로 하여금 사역을 감당하게 하고 복음을 전하게 하십니다(눅 24:49, 행 1:8).
　우리 안에 내주하시는 성령은 갈라디아서 5장(22-23절)에 언급된 영의 아홉 가지 열매를 맺도록 하시며, 우리 위에 임하시는 성령은 고린도전서 12장(7-11절)에 언급된 성령의 아홉 가지 은사들이 나타나도록 합니다. 우리는 종종 이 두 가지 진리 중 한 가지만을 강조합니다. 그러나 이 두 가지 진리는 균형 있게 모두 강조되어야 합니다. 이 진리들은 모두 중요하기 때문입니다.

우리가 믿는 자 속에 내주하시는 성령과 함께 동역하기 위해서는 세 가지가 필요하다는 것을 이미 말씀드렸습니다. 요약해서 다시 한 번 말씀드리겠습니다.

1. 기도와 아버지와의 교제와 하나님 말씀의 공급을 통해 성령으로 항상 새롭게 됨
2. 성령 안에서 행함
3. 성령의 방법을 배움

이제 두 번째 요소인 성령 안에서 행하는 것에 대해 좀 더 알아보기 위해 갈라디아서 5장을 봅시다. 성령께서 바울을 통해 다음의 것들을 말씀하셨습니다. (바울은 이 편지를 단지 갈라디아에 있는 어느 특정한 교회만이 아니라, 갈라디아 지역에 있는 모든 교회에서 읽혀지기를 바라고 쓴 것입니다.)

> 내가 이르노니 너희는 성령을 따라 행하라 그리하면 육체의 욕심을 이루지 아니하리라 갈 5:16

성령 안에서 행하는 것에 대해 이야기할 때, 사람들은 종종 감상적이 되거나 혼미해집니다. 어떤 사람은 성령 안에서 행하는 것을 뜬구름 잡는 것처럼 비현실적인 것이라고 생각합니다. 그렇지 않습니다. 영으로 행하는 것은 간단하며 또한 매우 실제적입니다.

육체의 소욕은 성령을 거스르고 성령은 육체를 거스르나니 이 둘이 서로 대적함으로 너희가 원하는 것을 하지 못하게 하려 함이니라 너희가 만일 성령의 인도하시는 바가 되면 율법 아래에 있지 아니하리라 육체의 일은 분명하니 곧 음행과 더러운 것과 호색과 갈 5:17-19

이 말씀을 요약하면 이런 뜻입니다. "만일 너희가 육으로 행하면, 육신이 너희를 다스릴 것이다. 그렇게 되면 그 결과로 너희에게는 이런 일이 일어날 것이다."

육체의 일은 분명하니 곧 음행과 더러운 것과 호색과 우상 숭배와 주술과 원수 맺는 것과 분쟁과 시기와 분냄과 당 짓는 것과 분열함과 이단과 투기와 술 취함과 방탕함과 또 그와 같은 것들이라 전에 너희에게 경계한 것 같이 경계하노니 이런 일을 하는 자들은 하나님의 나라를 유업으로 받지

못할 것이요 오직 성령의 열매는… 갈 5:19-22

22절의 첫 부분, 즉 "성령의 열매는"이라는 말씀을 다르게 표현해서 "성령 안에서 행하는 것은 이런 것 안에서 행하는 것이다"로 바꾸어도 성경의 의미는 달라지지 않을 것입니다.

오직 성령의 열매는 사랑과 희락과 화평과 오래 참음과 자비와 양선과 충성과 온유와 절제니 이같은 것을 금지할 법이 없느니라 갈 5:22-23

그러므로 성령 안에서 행한다는 것은 사랑과 희락과 화평과 오래 참음과 자비와 양선과 충성과 온유와 절제로 행한다는 것을 말합니다. 이렇게 행하는 것을 금지할 법이 없습니다. 바울은 갈라디아서 5장 25절에서 "성령으로 살면 성령으로 행할지니"라고 말합니다.

그러므로 영으로 행한다는 것은 영의 아홉 가지 열매로 행한다는 것입니다. 좀 더 명확해졌지요. 그렇지 않습니까? 영의 아홉 가지 열매 중 첫 번째는 사랑입니다. 이미 앞에서 확인한 것처럼 영의 열매는 그리스도의 영인 성령 또는 우리 안에 있는 그리스도의 생명으로 말미암는 것입니다. 열매는 가지에 맺힙니다. 예수님이 말씀하셨습니다. "나는 포도나무요 너희는 가지라"(요 15:5). 바로 우리들이 열매를 맺는 가지라는 말씀입니다.

  새로운 피조물로 거듭난 우리의 첫 열매는 사랑입니다. 인격이신 성령의 능력으로 우리 안에 거하시는 예수 그리스도의 생명으로 말미암아 맺히는 열매입니다. 사도요한은 요한일서에서 이렇게 말하고 있습니다. "우리는 형제를 사랑함으로 사망에서 옮겨 생명으로 들어간 줄을 알거니와 사랑하지 아니하는 자는 사망에 머물러 있느니라"(요일 3:14). 만일 우리가 사랑으로 행하지 않는다면, 우리가 거듭났다는 증거가 없고 사망에서 생명으로 옮겨졌다는 증거도 없는 셈입니다. 사랑은 우리가 거듭났을 때 우리에게 나타나는 첫 열매입니다.

  거듭난 뒤에, 제 삶에 나타난 놀라운 변화 중 하나가 사랑이었습니다. 제가 어릴 때 아버지가 집을 떠나버리고 우리 집은 풍비박산되었습니다. 설상가상으로 저는 육체적 장애를 겪고 있었습니다. 사람들은 제가 아버지를 매우 증오했었다고 말했습니다. 정말 저는 세상이 싫었습니다. 하지만 거듭나게 되자 하나님의 사랑이 제 마음에 부어졌고, 저는 모든 사람을 사랑하게 되었습니다. 거듭난 것이 그렇게 큰 변화를 가지고 온 것입니다.

  자동적으로 그렇게 된 것이 아닙니다. 제가 거듭남으로 갖게 된 것은 선택권입니다. 제 속에 부어진 사랑이 저를 지배하도록 할 것인지 아니면 사랑으로 행하는 것을 거절할 것인지를 선택할 수 있는 선택권 말입니다. 제가 모든 상황에서 어쩔 수 없이 사랑으로 행할 수밖에 없도록 강제되었던 것은 아니라는 뜻입니다. 하나님의 사랑이 제 속에 있었지만 만일 제 마음이 하나님의 말씀으로 충분히 새롭게 되지 않았다면 저의 마음은 제 속에 있는 사랑이 아니라 저의 육신을 좇아 행함으로 사랑이 아닌 그릇된 삶을 살았을 것이며 저는 그리스도 안에서 어린아이 즉 육신적인 그리스도인으로 남아있었을 것입니다. 바울은 고린도교회 성도들을 어린아이 그리스도인이며 육신적이라고 말했습니다. 그들 가운데 다툼이 있었기 때문입니다(고전 3:1).

고린도교회 성도들은 육으로 행했기 때문에 고린도교회에는 시기와 분쟁 그리고 말다툼이 있었습니다. 그래서 바울은 그들을 "어린아이", "사람을 따라 행하는 자"라고 불렀습니다(고전 3:1-3). 다시 말해, 바울은 고린도교회 교인들에게 "…시기, 분쟁, 말다툼이 너희들을 다스리도록 허용하니, 마치 세상 사람들 같도다…"라고 말한 것입니다.

그리스도인이라고 해도 하나님의 사랑이 자신을 다스리는 것을 허락하지 않을 수 있습니다. 성공적인 그리스도인의 삶을 원한다면 하나님의 사랑이 우리를 다스리도록 해야 합니다. 사랑으로 행할 것인지 육신을 좇아 행할 것인지를 결정하는 것은 바로 우리 자신이라는 것을 알아야 합니다.

이번에는 로마서 5장 5절을 봅시다. "성령으로 말미암아 하나님의 사랑이 우리 마음에 부은바 됨이니". 참으로 하나님의 사랑이 우리 안에 있습니다. 그런데 우리는 그 사랑을 어떻게 했습니까? 그 사랑을 실천했나요? 아니면 예수님이 비유하신 한 달란트 받은 사람처럼 행했습니까? 우리도 받은 달란트를 사용하지 않고 그저 수건에 싸서 감춰둔 것은 아닌지요?(마 25:24-25, 눅 19:20) 그렇게 해서는 안 됩니다. 우리 안에 있는 하나님의 사랑을 드러내야 합니다. 하나님을 찬양합니다.

하나님의 사랑으로 행하는 곳에
하나님의 치유가 함께 합니다

사랑으로 행하는 것은 또 다른 면에서 중요합니다. 왜냐하면 사랑으로 행하는 것은 하나님의 치유와 관계가 있기 때문입니다!

제가 말씀을 가르칠 때 종종 인용하는 사례를 말씀드리겠습니다. 제가 서부에서 집회를 열고 있을 때 젊은 부부가 참석했습니다. 그들에겐 세 명의 자녀가 있었는데, 한 명은 그들 부부 사이에서 난 아이이고 나머지 둘은 입양한 아이들이었습니다.

그들 부부가 입양한 막내는 매우 건강했었는데 두 살이 지나면서 간질 증세를 보였습니다. 이 부부는 아이를 데리고 미국에서 가장 유명한 의학전문가를 찾아갔습니다. 의사는 아이에게 모든 검사를 해본 뒤에 "이 아이는 제가 지금까지 본 환자 중 가장 심한 증세를 보이고 있군요."라고 말했습니다.

이 부부는 하나님의 약속의 말씀 위에 서서 아이의 치유를 받기 위해 노력했습니다. 그러던 중에 제가 이 아이의 엄마와 이야기를 나누게 된 것입니다. 이 여인이 저에게 이렇게 말했습니다. "저는 시어머니가 싫습니다. 목사님이 가르치는 것처럼 제가 구원받았는지도 의심스럽습니다."

제가 말했습니다. "자매님이 정말로 시어머니를 미워하고 있다면, 자매님은 아마 아직 구원받지 못했을 것입니다." 사도 요한은 이렇게 말했습니다. "그 형제를 미워하는 자마다 살인하는 자니 살인하는 자마다 영생이 그 속에 거하지 아니하는 것을 너희가 아는 바라"(요일 3:15). 이 말씀은 형제만이 아니라 누구라도 미워하는 자는 그렇다는 뜻입니다.

사실 저는 그 성도님이 구원받았다는 것을 알고 있었습니다. 다만, 구원은 받았지만 아직도 그녀의 육신과 그녀의 이성이 그녀를 지배하고 있다는 것을 알려주려고 이렇게 말한 것입니다.

저는 그녀에게 이렇게 제안을 했습니다. "제 눈을 똑바로 보면서 '나는 시어머니를 미워해!'라고 말해보세요. 그리고 그렇게 말할 때에 자매님 속에 무슨 일이 일어나는지 주의 깊게 살펴보세요."

그녀는 제가 시키는 대로 제 눈을 보면서 "나는 시어머니를 미워해."라고 말했습니다. 제가 물었습니다. "자매님 속에서 무슨 일이 일어났는지 말해보시겠어요?"

"무언가가 제 속을 긁는 것 같은 느낌을 받았어요."

"그랬을 겁니다. 성경은 말합니다. '… 그리스도의 사랑이 우리를 강권하시는도다 …'"(고후 5:14)

"그럼 저는 이제 어떻게 하면 되나요?"

"시어머니에게 사랑을 표현하세요. 실제로 자매님은 어머니를 사랑하는 분이니까요. 자매님 속에 있는 하나님의 사랑을 표현하시면 됩니다."

그녀는 자기 집으로 저와 제 아내, 그리고 자신의 시어머니와 시누이를 저녁식사에 초대했습니다. 식사를 하는 중에 그녀는 제게로 와서 이렇게 말했습니다. "목사님 말씀이 옳아요. 저는 시어머니를 미워하지 않아요. 그녀를 사랑해요. 시어머니는 아주 사랑스런 분이시지요. 그분은 하나님을 사랑하는 분이세요."

며칠 뒤에 우리 부부가 묵고 있는 숙소로 전화가 왔습니다. 아내가 전화를 받았고 그녀가 이렇게 물었습니다. "해긴 목사님이 기도요청을 언제나 수락하시지는 않는다는 것은 압니다만, (하루에 두 번씩 집회가 있었으므로 시간을 낼 수 없었기 때문입니다) 혹시 저희 집으로 오셔서 제 아이를 위해 기도해 주실 수 있으신가요?" 간질병 환자들은 보통 간질증세가 심해지기 전에 미리 경미한 증세를 보입니다. 그 아이가 그때 그런 증세를 보이고 있었습니다. 그때 성령께서 가라고 하셨으므로 저는 아내에게 말했습니다. "좋아요, 갑시다!"

차 안에서 저와 아내는 서로 아무 말도 하지 않고 잠잠한 가운데 주님을 기다렸습니다. 그녀의 집으로 가고 있을 때 마치 뒷좌석에 앉아 말씀하시는 것처럼 성령님이 이렇게 말씀하셨습니다. "그 아이를 위해 기도하지 말아라. 그 아이에게 손도 얹지 말고 만지지도 말아라. 그 아이에게 기름도 붓지 말고 그 아이를 치료하기 위해 어떤 일도 하지 말아라. 다만 그 아이 엄마에게 구약에서 내가 이스라엘에게 말했던 것, 즉 '내 규례를 지켜 행하고 나의 보기에 의를 행하면 너희 중에서 모든 질병을 제하고 너희 날수를 채우리라' 고 말했던 것을 말해 주어라."

성령께서 계속 말씀하셨습니다. "그리고 그녀가 이해하기 쉽게 그 말을 신약에서 사용하는 용어로 바꿔서 설명해주어라. 나는 교회와 제자들에게 '내가 새 계명을 주노니 서로 사랑하라. 서로 사랑하면 이로써 모든 사람이 너희가 내 제자인 줄 알리라.'라고 말했었다(요 13:34-35, 갈 5:14)."

물론 저는 출애굽기 23장에 기록된 옛 언약의 말씀을 알고 있었습니다.

> 네 하나님 여호와를 섬기라 그리하면 여호와가 너희의 양식과 물에 복을 내리고 **너희 중에서 병을 제하리니** 네 나라에 낙태하는 자가 없고 임신하지 못하는 자가 없을 것이라 내가 너의 **날 수를 채우리라** 출 23:25-26

이 구절은 이렇게 해석해도 그 의미가 전혀 손상되지 않을 것입니다. "내 계명을 지켜라. 그러면 내가 너희 중에서 모든 질병을 제하리라. 그리고 네 날수를 채우리라."

그때 성령께서 계속 말씀하셨습니다. "아이 엄마에게 말해서 사탄에게 이렇게 명령하라고 해라. '사탄아, 나는 사랑으로 행하고 있다. 이 아이에게서 손을 떼고 썩 물러가라.'"

우리 부부는 그 집에 도착해서, 아이의 엄마에게 성령께서 가르쳐 주신대로 말해주었습니다. 그녀는 제 말을 다 듣자마자 조금도 지체하지 않고 큰소리로 이렇게 말했습니다. "사탄아, 나는 사랑으로 행하고 있다. 내 딸아이에게서 손을 떼라." 그러자 즉시 그 아이의 간질 증세는 멈췄습니다.

제가 수년 후에 다시 그 부부를 만났을 때 그 아이에게 간질

증세가 또 나타났는지를 물었습니다. 그들 부부는 그후로는 아이에게 간질증세가 나타난 적이 없었다고 말했습니다. 다만 아이 엄마는 아이에게 한두 번 그런 증세가 시작되려는 징후를 보인 적이 있었다고 말했습니다. 그때 어떻게 하셨냐고 물었더니 그녀가 말했습니다. "전 그냥 이렇게 말했어요, '사탄아, 나는 계속 사랑 안에서 행하고 있다.'"

만일 우리가 사랑으로 행하지 않는다면 그렇게 할 수 없습니다. 사랑으로 행하기를 시작해야 합니다. 사랑으로 행하는 것은 영으로 행하는 것입니다. 사랑으로 행하기 위해 많은 시간이 필요하지 않습니다. 먼저 하나님께 그동안 사랑으로 행하지 못한 것에 대해 회개하십시오. 그리고 이렇게 선언하십시오. "지금 이 시간부터 나는 사랑으로 행하는 사람이다." 그것이면 족합니다. 이제부터 우리는 그 아이의 엄마처럼 사랑으로 행하는 사람이 된 것입니다.

우리 모두가 사랑으로 행할 수 있는 상황이라면, 우리는 기도해줄 대상을 찾아 교회 문을 나서야 합니다. 교회 안에는 더 이상 기도해줄 사람이 없으니까요! 누군가 "나도 사랑으로 행할 수 있으면 좋을 텐데."라고 바란다면 바라지만 말고 **행하십시오.** 바라기만 하고 있으면 결코 그런 일이 일어나지 않을 것입니다.

이제 로마서 5장 5절을 보십시오. "…하나님의 사랑이 우리 마음에 부은 바 됨이니"(롬 5:5). 거짓말 하실 수 없는 하나님께서 말씀하신 것이므로, 하나님의 사랑이 우리 마음에 부어진 것은 틀림없습니다.

'하나님의 사랑'이란 말은, 하나님이 가진 그런 종류의 사랑이라는 말입니다. 그것은 하늘에 있는 그런 사랑을 말합니다. 이 땅에서 보는 인간적인 사랑은 이기적인 면이 많습니다. 그러나 하늘에 속한 사랑은 이기적인 모습이 전혀 없습니다.

저는 특별히 고린도전서 13장 4-8절의 확대번역을 좋아합니다. 킹제임스 번역은 하늘에 속한 이 '사랑'이란 단어를 '자비charity'로 번역했는데 이것은 참 안타까운 일입니다. 실제로 사랑을 나타내는 헬라어 단어는 '아가페'인데, 로마서 5장 5절에서도 이 '아가페'라는 단어가 사용되었습니다. "…하나님의 **사랑**agape이 우리 마음에 부은바 됨이니"(롬 5:5).

고린도전서 13장 4-8절을 킹제임스 번역으로 먼저 보십시오.

> 사랑charity은 오래 참고 친절하며 사랑은 시기하지 아니하고 사랑은 자랑하지 아니하며 교만하지 아니하고 무례히 행하지 아니하며 자신의 유익을 추구하지 아니하고 급히 성내지 아니하며 악을 생각하지 아니하고 불의를 기뻐하지 아니하며 진리를 기뻐하고 모든 것을 참으며 모든 것을 믿고 모든 것을

바라며 모든 것을 견뎌 내느니라 사랑은 결코 시들지 아니하나 예언들이라도 끝이 올 것이요, 방언들이라도 그치게 될 것이며 지식도 끝나게 되리라 고전 13:4-8 (한글킹제임스)

같은 구절을 확대번역으로 봅시다. 우리가 이 말씀을 6개월 동안 매일 읽는다면 많은 유익을 얻게 될 것입니다. 그렇게 하면 이 말씀은 우리 속에 뿌리내리게 되고 우리는 말씀대로 행하게 될 것입니다.

사랑은 오래 지속하는 것입니다. 사랑은 참는 것이며, 친절히 행하는 것입니다. 사랑은 결코 시기하지 않으며 질투심으로 끓어오르지 않습니다. 사랑은 자랑하지 않으며 자만하지도 않습니다. 그리고 다른 이에게 우쭐대지도 않습니다. 사랑은 (다른 사람을 무시하는, 건방진 태도로) 보기 흉하게 행동하지 않으며, (무례한 태도로) 거칠게 행동하지 않으며 자신에게 어울리지 않는 행동을 하지 않습니다. 사랑은 (까다롭게 행동하거나, 화를 잘 내거나, 쉽게 분을 내는 등의 행동으로) 자기 자신의 권리만을 주장하거나 자기 방식을 고집하지 않습니다. 사랑은 자기 자신을 추구하는 것이 아니기 때문입니다. 사랑은 악한 일을 당해도 앙심을 품지 않습니다. (악한 자가 그릇된 행동으로 고통을 주는 것을 마음에 두지 않습니다.) 사랑은 죄악된 것이나 불공정한 것을 기뻐하지 않으며, 정의와 진리가 널리 퍼져나가는 것을 보고 기뻐합니다. 사랑은 어떤 상황 속에서도 모든 것을 참습니다. 사랑은 모든 사람을 바라볼 때 항상 그 사람이 최고의 모습만을 믿을 준비가 되어있으며, 그 사람의 상태가 아무리 나쁘다고 해도 그 사람에 대한 그 소망을 잃지 않습니다. 사랑은 [약해지지 않고] 모든 것을 견딥니다. 사랑은 [쓸모없게 되거나, 약해지거나, 끝나버리는 것 같은] 실패가 결코 없습니다. 고전 13:4-8 (확대번역)

말씀을 좀 더 자세히 살펴봅시다. "사랑은 오래 지속하는 것입니다. 사랑은 참는 것이며, 친절히 행하는 것입니다…"(고전 13:4). 우리 중 많은 분들이 오래 참기는 합니다만, 그것은 단지 그래야 하기 때문에 의무적으로 그렇게 합니다. 그렇게 참아내는 동안 그들에게서 평온한 가운데 잠잠히 기다리는 모습이나 친절한 모습을 찾기는 어렵습니다. 그들의 오래 참음은 단지 그래야 하기 때문에 고통을 참고 있는 모습입니다.

"…사랑은 결코 시기하지 않으며 질투심으로 끓어오르지 않습니다…"(고전 13:4) 자연적인 인간의 사랑에는 질투가 있습니다. 그러나 하나님이 가지고 계신 종류의 사랑은 질투심으로 끓어오르는 그런 사랑이 아닙니다.

"…자기 자신의 권리만을 주장하거나 자기 방식을 고집하지 않습니다. 사랑은 자기 자신을 추구하는 것이 아니기 때문입니다…"(고전 13:5)

특별히 이 말씀을 깊이 새겨보기 바랍니다. "사랑은 자기 자신을 추구하는 것이 아닙니다"라는 말씀은 하나님의 사랑은 이기적이지 않다는 뜻입니다. 사랑으로 행하지 않고, 영으로 행하지 않는 사람들은 일상생활 중에 흔히 이렇게 말합니다. "나는 내 것이 뭔지 알아. 난 그걸 반드시 가지고 말거야. 나는 내 권리를 남에게 빼앗기지 않겠어. 이로 인해 누군가가 아무리 큰 상처를 입는다고 해도 내가 그것까지 신경쓸 필요는 없잖아, 내 권리를 내가 행사하는 것인데." 하지만 말씀은 "자기 자신의 권리만을 주장하는 것이 아니라"고 말합니다.

우리가 하나님을 믿기 전까지, 즉 우리 안에 하나님의 사랑이 이미 들어왔음을 믿기 전까지는 이런 사랑을 할 수 없습니다. 사랑이 최선의 길입니다. 사랑은 하나님이 정하신 길입니다. 우리는 그 길로 가야 합니다.

65년 이상을 주님과 동행하면서 제가 알게 된 것이 있습니다. 하나님께 감사하게도, 저는 주님과 동행한 이 기간 동안 늘 건강한 삶을 살았습니다. 건강한 삶을 사는 것은 저에게만 허락된 것이 아니라, 모든 믿는 자에게 속한 것입니다. 그런데 한 가지 기억할 것은 건강한 삶을 살려면 사랑으로 행해야 한다는 것입니다.

저는 1933년 이후로 단 한 번도 두통을 앓아본 적이 없으며, 하나님께 감사하게도 앞으로도 아프지 않을 것이라고 사람들에게 자주 이야기했습니다. 제가 한 이런 말로 인해 어떤 분들은 화를 내기도 합니다. 그분들은 제 말을 오해한 것입니다.

부디 오해하지 마십시오. 당신에게 두통이 올 수도 있습니다. 그러나 그것을 받아들여서는 안 됩니다. 두통이 찾아올 때 그것을 앓지 않고 그냥 지나가게 할 수 있습니다. 즉, 두통이 찾아오는 것은 잘못이 아니지만, 그것을 그대로 앓는 것은 잘못입니다. 여러분은 그것을 쫓아내야 합니다. 그런데 중요한 것은 그것을 쫓아내고 건강한 삶을 살기 위해서는, 반드시 사랑으로 행해야 한다는 점입니다.

사랑은 자신의 권리를 주장하지 않습니다

몇 년 전 아내와 함께 어느 순복음교회에 가서 집회를 했었는데, 그 집회가 끝날 즈음에 저의 집회 계획을 변경해달라는 부탁을 받았습니다.

애초에는 그 순복음교회가 있는 주의 또 다른 어떤 교회에서 집회를 열 계획이었지만, 제가 집회를 열고 있는 교회의 목사님과 다음 집회가 예정되어있던 교회의 목사님 그리고 교단의 다른 몇몇 목사님들이 모두 뜻을 같이하여, 일정을 변경해서 같은 교단의 또 다른 어느 교회에서 집회를 인도해 줄 것을 요청해왔습니다.

저는 그 요청을 받아들여서 현재 있는 교회에서 주일 저녁 집회를 마치고 사례금을 받아 지불해야 될 것들을 모두 지불했습니다. 다음날 주유소에서 기름을 넣고 신용카드로 결제한 뒤에 월요일 저녁부터 예정된 집회를 위해 요청받은 교회로 출발했습니다. 수중에 현금은 전혀 없었습니다. 그동안 늘 그랬듯이 제가 집회를 하게 될 교회에서 식사를 준비할 것이라고 생각했습니다.

집회를 열기로 예정된 곳까지의 거리가 제법 되었으므로 좀 늦게 도착했고, 그 곳 교회의 목사님 부부 숙소에 머물게 되었습니다. 우리가 도착했지만 그 교회 목사님은 우리 부부의 식사에 대해선 아무 말도 하지 않았습니다. 나는 그것을 이상하게 생각하지는 않았습니다. 사실 저는 집회 전에 식사를 하는 것을 별로 좋아하지도 않았습니다. '집회 후에 먹나 보다.'라고 생각했을 뿐입니다.

그런데 집회가 끝난 후에도 그 교회의 목사님 부부는 우리에게 식사하러 나가자고 하지 않았고, 먹을 것을 가져다주지도 않았습니다. 숙소로 돌아와서도 마찬가지였습니다. 그들은 그냥 자기들 방으로 들어가서 잠을 잤고 우리도 그렇게 할 수밖에 없었습니다.

그 교회에서의 집회는 저녁에만 열렸습니다. 다음날 아침 그 교회 목사님은 우리가 일어나기도 전에 일어나서 집을 나갔습니다. 병원이나 무슨 긴급한 전화를 받고 나갔을 것이라고 생각했습니다. 전화벨이 한두 번쯤 울리는 소리를 들었으니까요. 제 아내에게 이렇게 말했습니다. "그분들이 돌아오면 같이 식사하러 나가게 되겠지요." 하지만 오후 1시 30분이 되어서도 그들은 돌아오지 않았습니다.

주일 저녁에 지난번 집회가 열렸던 교회를 떠난 후 화요일 오후 1시 30분까지 아무것도 먹지 못했습니다. 아내에게 말했습니다. "그분들도 집에 없고, 먹을 것에 대해 아무 말도 하지 않았으니 당신이 부엌에 가서 뭔가 먹을 것이 있는지 찾아보겠소?" 아내가 돌아와 "핫도그 한 개, 계란 두 개, 빵이 한 조각 있네요."라고 말했습니다. 저는 아내에게 계란을 삶으라고 해서 삶은 계란을 한 알씩 나누어 먹었고, 한 조각의 빵과 핫도그도 반씩을 나누어 먹었습니다. 그 집에서 우리가 찾은 음식은 그것뿐이었으니까요.

나는 아내에게 말했습니다. "먹은 것이 적지만 오늘 저녁까지는 그것으로 버틸 수 있겠지요. 곧 그분들이 돌아와 식당이나 아니면 어디든 먹을 수 있는 곳으로 데려 갈 거예요."
곧 다시 배가 고파졌습니다. 평소엔 집회 전에 식사를 하지
않지만 그때는 매우 배가 고팠기 때문에 집회 전이라도 먹고
싶었습니다.

어쨌든 저녁이 되서 그들 부부가 돌아왔지만 여전히 식사
에 대해선 한마디도 말하지 않았습니다. 집회에 참석할 준비
를 하고 나서 그들은 집을 떠났습니다. 그들은 집회 후엔 어
제처럼 자기들 방으로 잠을 자러 들어갔습니다. 수요일 아침
에도 그들은 우리에게 아무런 음식도 준비해주지 않고 아침
일찍 집을 떠나버렸습니다. 그 집 냉장고를 다시 열어보았는
데 아무것도 없었습니다. 그 안에 있던 것은 어제 우리가 다
먹어버렸으니까요. 일요일 저녁부터 수요일까지 먹은 것이라
고는 계란 한 알, 핫도그 반 개, 빵 반 조각과 몇 잔의 물뿐이
었습니다.

그래도 그날은 그들 부부가 일찍 돌아오리라고 생각했습니
다. 하지만 그날 오후 1시 30분까지도 그들은 돌아오지 않았
습니다. 그러자 나는 영으로 행하기를 그만두고 육신을 좇아
행하려는 생각이 들었습니다. 우리도 육신을 가지고 있는 사
람인데 그렇게 되는 것이 당연하지 않겠습니까?

제가 아내에게 말했습니다. "도대체 사람들이 어떻게 이럴
수 있지? 당장 조치를 취해야겠소. 내가 교단의 이 지역책임

자를 잘 아니까, 그분께 전화를 해서 도대체 당신 지역에 무슨 이런 목사가 있냐고 물어봐야겠소." 저는 그 교단의 지역 책임자를 잘 알고 있었습니다. 그래서 제가 전화만 하면 그 친구가 이 교회 목회자에게 전화해서 저를 냉대한 것에 대해 혼을 내줄 것을 알았습니다.

전화기가 있는 곳으로 가서 다이얼을 돌리기 시작했습니다. 다이얼을 돌리는 도중에 제 속에서 뭔가가 일어났습니다. 그리스도의 사랑이 저를 강권하고 있었습니다. 전화를 거는 도중에 끊어버렸습니다.

제가 돌아오자 아내가 물었습니다. "전화하시려는 것 아니었어요?"

"그랬지요. 하지만, 이 사람들이 어려움을 겪도록 할 수는 없지요."

우리에게는 전화를 할 수 있는 권리가 있습니다. 그러나 말씀은 사랑이란 우리가 가진 그 권리를 주장하는 것이 아니라고 말합니다.

그들 부부는 우리를 잘 대접해야 했습니다. 그렇게 하는 것이 그들의 의무였습니다. 하지만 그들이 그렇게 하지 않았다고 해서 우리는 그들을 어려움에 처하게 하지 않았습니다. 그들은 내가 그렇게 하지 않아도 그들의 잘못된 행동으로 인해 많은 어려움을 겪을 것입니다. 다른 사람을 그렇게 대접하는 사람은 어려움을 겪게 됩니다. 그들이 그런 어려움을 겪도록 하는 일에 저는 참여하지 않았습니다. 저는 그저 사랑으로 행했습니다.

결국 다음날까지 우리는 먹지 못했고, 다시 한 번 그 교단의 지역 책임자에게 전화를 해서 조치를 취하려고 했습니다. 제 육신의 굶주림이 저를 압박했습니다. 그 교단의 지역 책임자에게 전화를 해서 이 교회 목사님은 도대체 어떻게 된 분이냐고 물을 준비가 되어 있었습니다. 그 교단의 지역 책임자는 제 친한 친구였고, 이 교회 목사님은 예전에 한 번도 만나본 일이 없는 분이었습니다. 그냥 이곳에서 지금 무슨 일이 일어나고 있는지 정도만이라도 말하려고 했습니다. 하지만 내가 그렇게 하기만 해도 당장 이 교회 목사님은 책망을 받으리란 것을 알고 있었습니다.

전화 다이얼을 돌리기 시작했습니다. 어제보다 좀 더 많은 번호를 돌렸지만, 신호가 가기 전에 제 자신에게 이렇게 말하며 전화를 끊었습니다. '아니, 이 사람들이 어려움을 겪도록 할 수는 없지.'

그때 그 교회의 집사님 한 분이 문을 두드렸습니다. 그분은 우리가 묵는 목사관 가까운 곳에 사는 분이었습니다. 제가 문을 열었더니 자기를 소개했습니다. 그는 우리로 인해 걱정을 하고 있었습니다. 우리가 일주일 동안 그 곳에 묵는 것을 알고 있었고, 그 교회 목사님 부부는 일찍 집을 떠나서 늦게야 돌아오는 것도 알고 있었습니다.

"해긴 목사님, 우리 교회 목사님은 어디 계세요?"

제가 대답했습니다. "아, 긴급한 전화를 받고 나가셨어요. 제가 전화벨이 울리는 것을 들었답니다."

그 집사님이 이렇게 말했습니다. "우리 교회 목사님 부부가 아침 일찍 7시가 되기 전에 집을 나가는 것을 보았습니다. 해긴 목사님과 사모님이 드실 것은 있으신가요?"

이 교회 목사님이 난처하게 되는 것을 원치 않았기 때문에 우리는 괜찮다고 대답했고, 그 집사님이 이렇게 말했습니다.

"여하튼 목사님께 제가 이웃에 산다는 것을 말씀드려야 한다는 생각이 들어서 왔습니다." 그분은 저를 현관으로 데리고 나와 맞은 편 자기 집을 가리키며 말했습니다. "우리 집 뒷 베란다에 냉장고가 있어요. 집으로 들어가는 뒷문은 항상 잠겨있지만 베란다로 통하는 문은 열려있습니다. 베란다의 냉장고 안에서 필요한 것은 뭐든 가져다 드세요."

"고맙습니다. 목사님이 곧 돌아오시지 않으면 그렇게 하겠습니다." 그리고 우리는 그 집에 가서 먹을 것을 가져다 먹을 수 있었습니다.

일주일을 목사관에서 묵는 동안 목사님 부부는 한 번도 먹는 것에 대해서 이야기하지 않았지만, 목요일 이후로는 집사님 댁 냉장고에서 음식을 가져다 먹을 수 있었습니다. 그들 부부를 난처하게 하지 않으려고 그 일에 대해서는 누구에게도, 아무 말도 하지 않았습니다. 그들이 그런 삶을 산다면 제가 그들에게 어려움을 더하지 않아도 그들은 많은 어려움을 겪게 될 것을 알고 있었습니다.

 제가 직접 그들을 어떻게 하기보다 주님이 그들을 다루시도록 했습니다. 만일 우리가 누군가를 어려움에 빠지도록 하면, 머지않아 우리도 그런 어려움에 빠지게 될 것입니다. 그렇게 하는 것은 결코 문제를 해결할 수 없습니다.

제 5 장

사랑이 최선의 길입니다

　제가 마지막으로 목회를 했던 교회에서, 제가 맡기 직전에 목회를 했던 목사님에게 문제가 있었습니다. 저 자신도 목사이고 목회에 따른 어려움을 잘 알기 때문에 되도록이면 목회자를 두둔하는 편입니다. 목회자들도 사람이니 실수를 할 수 있습니다.

　전임 목사님은 3년 임기의 목사로 선임되었는데, 만일 재임 중에 잘하셨더라면 당연히 다음 임기의 목사로 재선되었겠지만 이 목사님은 일을 잘 못했기 때문에 다음 임기의 목사로 선출되지 못했습니다.

　저는 주님의 초자연적인 지시하심이 있어 이 교회의 목사직을 맡게 되었는데, 나중에 주님께서 왜 그렇게 지시하셨는지 이해할 수 있었습니다. 그런데 전임 목사님이 계속 그 지역에 머물면서 그 목사를 개인적으로 도와 왔던 성도들을 방문하고 있었습니다. 이 분은 심지어 이 성도들을 대상으로 집회도 가졌습니다. 저는 이 모든 일을 상세히 알고 있었습니다. 제가 주일날 설교를 하려고 강단에 섰을 때 스스로에게 이렇게 말하곤 했습니다. '아무개 형제가 저 뒤에 앉아 있구나.' 그 목사님은 그 성도를 방문하곤 했는데 그는 그 목사님을 돕고 있었습니다. 그 목사님은 그 형제를 방문해서 여러 가지 이야기를 하고 돈도 받아갔습니다.

이 교회가 속한 교단의 지역 책임자가 언젠가 저에게 이렇게 말했었습니다. "해긴 목사님! 당신이 원하시면 그 사람의 자격을 박탈하고 교단에서 쫓아내겠습니다."

내가 말했습니다. "아니요, 그렇게 하고 싶지 않습니다. 그 딱한 목사님은 나름대로 어려움을 겪고 있어요. 물론 그가 잘못하고 있다는 것은 알지만, 그렇다고 그가 하는 일을 못하게 막는 것은 잘하는 일이 아니지요. 다른 사람이야 어떻게 하든지 상관없이 저는 사랑으로 행하겠습니다."

이 일이 일어난 때는 제 2차 세계대전 직후였고, 그 당시 마을에는 도배하는 일을 하는 사람이 없었습니다. 저는 모자란 교회 사례비를 보충하려고 수년 동안 도배하는 일과 페인트 칠을 종종 해오고 있었습니다. 이 목사님은 새 집을 짓고 있었는데 다 지으면 그것을 팔고 이사를 가려는 중이었습니다. 어느 날 이 목사님이 저의 목사관에 들러서 도배하는 사람을 알면 소개해 달라고 했을 때 저는 이렇게 말했습니다. "이 마을엔 도배하는 사람이 없어요. 제가 도배하는 일을 모두 맡아서 해드리지요."

"목사님이 해주신다고요?"

"예, 제가 해드리겠습니다." 그리고 제가 직접 그 집의 도배를 마쳤습니다. 도배를 마치자 그 목사님은 아내와 함께 저를 찾아와서 얼마를 지불하면 되느냐고 물었습니다.

제가 말했습니다. "주님께서 그냥 해주라고 말씀하셨습니다."

그때까지 저는 그 목사님과 부인(그녀도 목회자였습니다)이 한 일에 대해서는 한마디도 하지 않았습니다. 그런데 제가 이렇게 대답하자 그들 부부는 갑자기 울기 시작했습니다. "우리는 결코 목사님에 대해 험담을 하지 않았어요."

"예, 저도 잘 압니다. 저를 잘 아시지 못하니 험담을 하지 않으셨을 겁니다. 하지만 목사님, 목사님께서 교회 성도들을 개인적으로 방문하셔서 그들이 지금 하나님의 뜻에서 벗어나 있고 목사님께서 계속 목회를 해야 한다고 말씀하시면, 결국 목사님께서는 분열과 다툼을 만들게 되고, 그러면 목사님께서 신임 목사를 반대하는 것이라는 것을 생각해 보셨는지요?"

"하지만 저희가 교회의 십일조를 축내지는 않았습니다."

교회 내의 몇몇 가정을 지목하면서 그들은 내가 부임한 이후로 교회에 한 푼도 헌금하지 않았다고 말하자 그 목사님은 이렇게 대답했습니다. "그분들이 저에게 돈을 가져오기는 했습니다. 하지만 그들은 그것이 교회에 낼 십일조라고 말하지는 않았어요."

"좋습니다. 괜찮습니다. 어차피 그분들이 교회에 가져올 돈이 아니었다면 목사님이 가져가시는 것이 더 나았겠지요. 목사님이 가져가셨으니 하나님 나라를 위해 어디엔가 사용되지 않겠어요? 더 이상 마음에 두지 마세요."

그 목사님 부부가 집을 새로 지어 팔아 떠날 준비가 다 되었을 때 제가 그들에게 말했습니다. "떠나시기 전에 목사님 부부께서 교회에 나와 설교를 해주세요."

"아닙니다. 교회 성도들은 우리 부부가 설교하는 것을 싫어할 것입니다."

"제가 더 잘 압니다. 교회 성도님들이 비록 목사님의 연임에는 반대를 했지만 목사님 부부를 좋아합니다. 성도님들이 저에게 그렇다고 말했어요. 목사님과 사모님 모두 교회에 나오셔서 설교를 해주시기를 부탁드립니다."

결국 그들 부부는 교회에 나와서 설교를 했습니다. 한 분은 아침 시간에 또 한 분은 저녁 시간에 설교를 하셨는데, 주님의 영광이 가득한 예배를 드렸습니다. 그분들은 사랑스런 분위기 속에서 교회를 떠날 수 있었습니다. 이것이 가장 좋은 길 아니겠습니까?

저녁에 설교를 하셨던 그 목사님 부부 중 한 분이 이렇게 말했던 것을 기억합니다. "용서를 구할 일이 있습니다. 저는 교회 성도님들 중 우리와 친한 몇몇 가정을 방문해서 그분들에게 잘못된 이야기를 했습니다. 우리 부부가 연임되는 것이 하나님의 뜻인데 이 교회는 우리 부부를 재임하지 않았으므로 축복을 받지 못할 것이라 말하곤 했지요. 물론 정확히 그렇게 말한 것은 아니었습니다만, 그분들이 그런 뜻으로 생각하도록 했습니다. 제가 이 교회의 목사로 다시 선출되는 것이 하나님의 뜻이고, 그렇지 못했으니 교회 성도님들이나 해긴 목사님은 하나님의 뜻에서 벗어난 것이라고 생각하도록 말했지요. 하지만 그것은 잘못입니다. 하나님께서는 자기 백성을 사랑하십니다. 그래서 자기 양을 돌볼 새 목자를 보내셨습니다.

제가 보니 교회에 성도님들이 가득 찼군요. 제가 목사로 있을 때는 이렇게 부흥하지 못했습니다. 해긴 목사님, 저도 이렇게 교회가 부흥하는 것을 보니 참 기쁩니다. 목사님은 능력 있으신 분입니다. 하나님께서 당신에게 복을 주시는군요. 저도 해긴 목사님 당신 편입니다." 온 회중이 은혜를 받았고 울기 시작했습니다. 우리는 주님 안에서 영광스런 시간을 보냈습니다.

이 경험은 고린도전서 13장 8절의 "사랑은 실패하지 않습니다Love never fails"란 말씀이 사실임을 보여준 사례입니다.

사랑을 구별해내는 시금석

확대번역에서는 고린도전서 13장 5절을 "…사랑은 (까다롭게 행동하거나, 화를 잘 내거나, 쉽게 분을 내는 등의 행동으로) 자기 자신의 권리만을 주장하거나, 악한 자가 자기에게 행한 것에 앙심을 품지 않습니다. (악한 자가 그릇된 행동으로 고통을 주는 것을 마음에 두지 않습니다.)"라고 번역했습니다.

우리는 종종 이 성경 말씀과 다르게 행하는 것을 봅니다. 이 말씀은 우리의 사랑이 진정한 것인지를 알아보는 시금석이 되는 말씀입니다. 이 구절을 통해 우리가 사랑으로 행하고 있는지, 영으로 행하고 있는지를 확실히 알 수 있습니다.

악한 사람들이 악을 행할 때에 그에 대해 앙심을 품는다면 사랑으로 행하고 있는 것이 아닙니다. 사랑으로 행하고 영으로 행하고 있다면, 그리고 성령이 충만하다면, 악한 일을 당했다고 해서 앙심을 품지는 않습니다.

그동안 저는 앞부분에 언급한 목사님의 사례와 같은 일을 여러 번 겪었습니다. 제 친척이나 함께 사역하는 교역자들, 이웃 교회의 목회자들까지도 저에게 이렇게 말했습니다. "내가 당신이라면 그런 부당한 일을 참지 않았을 것입니다."

심지어 이웃 교회 목회자들은 제가 성격적으로 겁이 많은 사람이어서 적대하는 사람들을 대항해서 싸우지 못하는 것이라고 말하기도 했습니다. 저는 적대하는 사람들을 험담하지 않았으며, 대신 그들을 위해 기도했습니다. 그리고 기회가 닿는 대로 그들에게 선을 행했습니다.

말씀은 우리에게 이렇게 말합니다. "…너희 원수를 사랑하며 너희를 박해하는 자를 위하여 기도하라"(마 5:44). 하지만 제가 저에게 악한 일을 하는 사람들을 대항해서 싸우지 않는 것을 보고 순복음교회 목회자들은 제가 겁이 많은 성격을 가졌기 때문이라고 말했습니다. 아닙니다. 이것은 약함이 아니라 강함입니다. 사랑은 실패하지 않기 때문입니다.

하지만 많은 사람들이 이런 일에 실패하고 젊은 나이에 일찍 죽기도 합니다. 그들은 항상 세상적인 방법으로 살았으므로 하나님의 자녀에게 합법적으로 주어진 특권과 축복을 누리지 못한 것입니다. 그들은 악한 일을 당하면 초조해하고 맞붙어 대항해왔고, 결국 이런 대응 방법이 그들의 영뿐 아니라 육체에도 영향을 미쳤던 것입니다.

우리 자신을 살펴야 합니다

그리스도인들은 고린도전서 11장을 읽고 교훈으로 삼아야 합니다. 바울은 "그러므로 너희 중에 약한 자와 병든 자가 많고 잠자는 자도 적지 아니하니"(고전 11:30)라고 말합니다. 고린도교회의 몇몇 성도들은 그들의 잘못된 행동으로 인해 일찍 죽었습니다. 성경은 또 이렇게 말합니다. "우리가 우리를 살폈으면 판단을 받지 아니하려니와, 우리가 판단을 받는 것은 주께 징계를 받는 것이니 이는 우리로 세상과 함께 정죄함을 받지 않게 하려 하심이라"(고전 11:31-32).

성경의 이러한 가르침은 성만찬을 행하기 위한 가르침이었는데, 바울은 고린도교회 성도들이 그리스도의 몸 된 교회로서 한 지체가 되었음에도 사랑으로 행하지 않는 것에 대해 책망해야 했습니다. 그들은 당을 짓고 이기적으로 행했습니다. 그들은 성도들이 주님의 몸으로서 한 지체가 되었음을 인식하지 못했기 때문에 고린도전서(11장 18-22, 29절)에서처럼 책망을 받아야 했습니다. 이 말씀을 통해 바울은 성도들이 사랑으로 행해야 함을 가르치고 있습니다. 저는 사랑으로 행하지 않음으로 인해 일찍 세상을 떠난 젊은 사역자를 알고 있습니다. 그는 1950년대에 가장 앞선 치유 사역을 행했던 사역자들 중 한 명이었습니다.

1947년부터 1958년까지 미국에는 치유를 통한 큰 부흥이 있었습니다. 그 당시 치유 사역을 행하던 사역자들 중 약 120명에 가까운 사역자가 '치유의 목소리The Voice of Healings'라는 복음전도 단체에 소속되어 있었습니다.

당시 가장 활발한 치유 사역을 했던 복음전도 사역자는 약 2만 명을 수용할 수 있는 대형 야외천막을 소유하고 있었습니다. 그런데 이 단체에 소속된 사역자들 중 한 사람은 천막을 이어 붙여서 이보다 더 큰 약 2만 2천명을 수용할 수 있는 야외천막을 소유했고, 때때로 이 천막은 사람들로 가득 차기도 했습니다.

제가 말하려는 이 사역자도 "치유의 목소리"라는 전도단체에 소속되있는데, 그 역시 가장 활발히 사역하던 사역자였습니다. 당시엔 그 누구도 그보다 더 뛰어난 치유사역을 하지 못했습니다. 이 사역자의 집회에서 저는 그때까지 보지 못했던 놀라운 기적적인 치유를 보았습니다. 그러던 중 성령께서 저에게 이렇게 말씀하셨습니다. "그에게 가서 [성령님은 구체적으로 그의 이름을 말씀하셨습니다] 만일 그가 자신을 살펴 바르게 행하지 않으면 오래 살지 못할 것이라고 말해라." 이 사역자는 당시에 35세에 불과했습니다.

주님이 저에게 이렇게 말씀하셨습니다. "그가 자신을 첫 번째로 살펴야 하는 점은 그가 동료 사역자를 사랑으로 대하고 있는지에 대한 것이다."(우리가 스스로를 살펴 사랑으로 행하고 있는지를 알아보는 것은 불가능한 일이 아닙니다.) 혹시라도 누군가가 치유 사역에 반대하게 되면 그는 그 사역자의 이름을 공개적으로 드러내고 끈질기게 그의 뒤를 캐서 괴롭혔습니다.

저는 이 치유 사역자를 만나러 갔습니다. 그러나 그는 그때 누군가와 이야기하느라고 너무 바빴습니다. 그가 이야기를 마칠 때까지 기다리는 동안, 자연적인 생각이 저를 사로잡아 저는 이렇게 생각하게 되었습니다. '그는 형제들에게 사랑으로 행하고 있지 않아. 만일 내가 주님께서 하라고 하신 말씀을 그에게 전하면 그는 내 뺨을 때릴지도 몰라.' 제가 이렇게 생각할 때에 이 사역자는 그 자리를 떠나버리고 말았고, 저는 그 뒤로 다시는 그에게 이야기할 기회를 얻지 못했습니다.

이 사역자가 스스로 돌아보아 자신이 사랑으로 행하고 있는지 또 주님이 명하신 다른 일을 잘하고 있는지를 살필 기회를 갖지 못한 것은 참 아쉬운 일입니다. 그는 3년이 못되어 죽고 말았습니다.

이 사역자가 죽기 직전에 주님께서는 그가 왜 죽게 되었는지 저에게 알려주셨습니다. 1956년 11월 추수감사절 즈음에 우리는 로스앤젤레스에 있는 앤젤러스 템플에서 치유의 목소리 집회를 열고 있었습니다. 이 사역자가 병에 걸려 죽게 되었다는 소식이 전해졌습니다. 고든 린지 목사님이 일어서셔서 집회에 참석한 모든 사역자들에게 강단 앞으로 나와 그를 위해 기도하자고 요청했습니다. 당시는 주님이 전에 저에게 이 사역자에 대해 말씀하셨던 때로부터 3년이 지난 시점이었습니다. 저는 주님께서 이 사역자에 대해 말씀하셨던 것을 잠시 잊어버리고 있었습니다. 저는 고든 린지 목사님의 요청에 따라 병에 걸린 이 사랑하는 사역자를 위해 다른 치유의 목소리 사역자들과 함께 기도하기 위해 강단을 향해 걸어 나가고 있었습니다.

이 때 갑자기 하나님의 영이 저에게 말씀하셨습니다. "그리로 가서 기도하지 말아라. 그는 곧 죽게 될 것이다." 강단으로 걸어 나가던 저는 그 자리에 서서 물었습니다. "주님 왜 기도하지 말라고 하시는지요? 그는 이제 38세에 불과한데요. 주님께서는 우리에게 적어도 70살 내지 80살까지 살 수 있도록 하겠다고 약속하셨습니다. 그리고 우리가 더 살기 원하면 90살까지 그리고 그것도 부족하면 100살이나 그 이상도 살 수 있도록 하겠다고 약속하지 않으셨습니까? 주님은 '내가 그를 장수하게 함으로 그를 만족하게 하며 나의 구원을 보이리라'(시 91:16)라고 말씀하셨습니다. 38살은 장수하는 것이 아닙니다. 주님!"

그러자 주님이 저에게 이렇게 말씀하셨습니다. "그는 자신을 살펴 동료 사역자들에게 사랑으로 행했어야 하는데 그렇게 하지 않았다. 그래서 나는 그를 판단하여 사탄에게 내어주었으니 이는 육신은 멸하고 영은 주 예수의 날에 구원을 얻게 하려 한 것이다."(고린도전서 5장 5절을 보십시오.) 여러분이 고린도전서 5장과 11장을 읽어보시면 잘 이해하실 수 있을 것입니다. 이 사역자가 스스로 살펴야 하는 것으로 주님께서 말씀하신 분야는 오직 사랑으로 행하지 않은 것에 대한 것이었습니다.

강단으로 향하던 중 주님의 말씀을 듣고, 저는 다른 사역자들이 기도하도록 둔 채 발걸음을 돌렸습니다. 그때는 다른 사역자들에게 이 문제를 이야기해본들 소용이 없었습니다.

그때 강당의 다른 쪽에 앉아 있던 제 아내가 저에게 다가와서 물었습니다.

"주님이 당신에게 뭐라고 하시던가요?"

"주님이 말씀하신 걸 어떻게 알았소?"

"당신이 꼼짝도 하지 않고 멈춰 섰다가 백지장처럼 창백한 얼굴로 돌아서더군요. 그래서 주님이 당신에게 뭔가를 말씀하셨다는 것을 알았어요."

"주님께서 그 사람을 위해 기도하지 말라고 하셨어요. 그는 곧 죽을 것이라고 하셨지요." 그리고 주님의 말씀 그대로 그는 곧 죽었습니다.

그 사역자가 일찍 죽는 것은 결코 주님의 뜻이 아니었습니다. 그렇게 일찍 죽을 필요가 없었습니다. 그 사역자는 자기의 죽음을 자초했을 뿐입니다.

누군가 성경을 잘 모르는 사람은 그 사역자의 사망소식을 듣고 이렇게 말할지도 모릅니다. "그것 보라니까. 하나님의 치유는 모든 사람을 위한 것이 아니야. 치유사역을 하던 사람이 38살에 죽었으니 말이야. 이걸 보더라도 치유는 모든 사람을 위한 것이 아니란 것을 알 수 있지."

글쎄요, 저는 그 사람의 이야기를 들으니 차라리 한밤중에 마구간에서 들려오는 당나귀 울음소리를 듣겠습니다. 그렇게 말하는 어리석은 사람이 있다면 그는 당나귀보다 더 나은 것이 없습니다. 누구든 책을 읽을 줄만 안다면 이렇게 말하지는 않을 것입니다.

그 사역자가 치유 받는 것은 하나님의 뜻입니다. 그러나 우리가 알아야 할 것은 치유의 약속을 포함한 하나님의 모든 약속은 조건부 약속이라는 것입니다.

예를 들어 보겠습니다. 하나님은 구약시대나 신약시대나 변함이 없으십니다. 하나님께서 구약시대의 이스라엘 백성에게 "내가 너희에게서 모든 질병을 제거하리라. 내가 너희의 날 수를 채우리라"(출 23:25-26)고 말씀하시고 거기서 말씀을 그치신 것이 아닙니다. 이를 위해 이스라엘 백성들이 해야 할 조건도 같이 말씀하셨습니다.

하나님은 이스라엘 백성들에게 이렇게 말씀하셨습니다. "너희가 나의 규례와 계명을 준행하면 너희 중에서 질병을 제하고 너희 날 수를 채우리라"(출 23:20-22, 레 26:3,14,15, 신 28:1,15).

신약시대로 넘어온다고 해도 우리는 같은 말씀을 찾아볼 수 있습니다. 구약시대의 조건을 신약시대의 언어로 풀어보면 이렇게 말할 수 있을 것입니다. "너희가 나의 사랑의 계명대로 행한다면, 즉 내 사랑의 율례를 지킨다면, 나는 너희에게서 모든 질병을 제하고 너희 날 수를 채우리라."

이것이 주님께서 그 사역자에게 말하라고 하신 바로 그 말씀입니다. 그 사역자는 하나님의 사랑의 계명으로 행하지 않았습니다. 그래서 주님은 그에게서 질병을 가져가시지 않았습니다. 그래서 그는 정해진 날 수를 채우지 못한 것입니다.

이보다 더 아름다운 것은 없습니다

고린도전서 13장 5절을 확대번역본으로 다시 한 번 보십시오. "…사랑은 악한 일을 당해도 앙심을 품지 않습니다(사랑은 부당하게 고통을 받아도 이것을 마음에 담아 두지 않습니다)." 이것이 하나님이 가진 사랑과 같은 종류의 사랑입니다. 성경은 우리가 예전에 죄인이었을 뿐 아니라 하나님과 원수 된 자들이었다고 말합니다(롬 5:10, 골 1:21). 하지만 하나님은 우리가 하나님께 행한 모든 나쁜 일에 대해 앙심을 품지 않으셨다고 말합니다. 도리어 하나님께서는 우리를 구원하시려고 예수님을 보내셨습니다. 우리가 아직 죄인 되었을 때 하나님은 우리를 사랑하셨습니다(롬 5:8).

우리가 하나님이 가지신 그런 종류의 사랑으로 행하며 누군가 우리에게 악한 일을 한 것을 마음에 담아두지 않는다면, 집이나 교회에서나 나라 전체를 통해서나 그리고 다른 모든 곳에서 어떤 놀라운 일이 일어날지 아시겠습니까? 사람들이 하나님의 자녀로 태어나고, 그들 안에 하나님의 사랑을 갖게 되고, 하나님의 자녀로서 하나님의 가족 안에 살며 사랑으로 행한다면 그보다 더 아름다운 것은 없습니다.

사랑이 있으면 할 수 있습니다

고린도전서 13장 말씀은 이렇게 계속됩니다. "사랑은 죄악된 것이나 불공정한 것을 기뻐하지 않으며, 정의와 진리가 널리 퍼져나가는 것을 보고 기뻐합니다. 사랑은 어떤 상황 속에서도 모든 것을 참습니다…"(고전 13:6,7, 확대번역)

도저히 하기 어려운 일에 부딪히게 되면 사람들은 이렇게 말합니다. "난 그렇게 할 수 없어." 또 다른 사람은 이렇게도 말합니다. "난 용납할 수 없어. 더 이상 참을 수 없어." 그러나 사랑은 할 수 있습니다! 성경은 바로 그렇게 할 수 있다고 말합니다. 하나님의 사랑이 우리 안에 있으므로 우리도 할 수 있습니다.

하나님이 어떻게 하셨습니까? 그분은 우리 모두를 참으셨습니다. 제가 목회했던 12년 동안 만났던 어떤 사람은 저도 정말 참기 힘들었습니다. 어느 날 밤에 저는 제가 처한 상황을 생각하다가 웃기 시작했습니다. 제 스스로에게 이렇게 말했습니다. "이런, 이런, 난 겨우 두세 명 정도에 대해서 참으려는 것뿐이잖아. 하나님은 우리 모두를 참으셨는데 말이야."

누군가는 이렇게 말할지도 모릅니다. "그래요, 하지만 그분은 하나님이시니까 그럴 수 있으셨겠지요." 물론 그렇습니다. 그런데 성경은 말하기를 우리도 그분의 성품에 참여하는 자가 되었다고 말하고 있습니다. 그리고 하나님은 사랑이십니다(벧후 1:4, 요일 4:16). 사랑은 하나님의 성품 중에서도 가장 강력한 성품입니다. 사랑은 하나님의 본성입니다. 이 사랑의 성품이 성령으로 말미암아 우리 마음에 부은 바 되었습니다(롬 5:5). 고린도전서 13장 7절을 보십시오. "…사랑은 어떤 상황 속에서도 모든 것을 참습니다."

저 스스로도 실천하지 못할 일을 여러분께 말하고 있는 것이라고 오해하지 마십시오. 저는 제가 실천하지 못하는 것을 남에게만 그렇게 하라고 가르치지 않습니다. 참기 힘든 사람을 만났을 때 저 역시 육신적인 생각에서는 그를 사랑하는 것을 그만두고 싶었습니다. 정말로 저도 그랬습니다. 제 생각도 저에게 '그를 사랑하는 것을 그만두는 것이 좋겠다.'고 계속 말했습니다. 저도 한두 번 정말로 그를 사랑하는 것을 멈추고 싶은 생각이 들었습니다.

하지만 제 속의 무언가가, 즉 성령님은 물론이고 제 안에 부어진 하나님의 사랑이 사랑하기 멈추는 것을 허용하지 않았습니다. 영으로 행하는 것은 사랑으로 행하는 것입니다. 그리고 어떤 상황에서도 모든 것을 참는 것입니다.

사랑은 최선을 믿습니다

바울은 사랑에 대해서 고린도전서에서 계속 말하고 있습니다. "사랑은 모든 사람을 바라볼 때 항상 그 사람의 최고의 모습을 믿을 준비가 되어 있으며…"(고전 13:7) 자연적인 사람은 이와 정반대로 행한다는 것을 아십니까? 자연적인 사람은 사람들을 바라볼 때 언제나 그의 최악의 모습을 봅니다. 사람들을 볼 때 그의 잘못된 점을 찾아내고 그것을 빌미로 그를 적대합니다.

하지만 하나님의 사랑은 언제나 사람들의 가장 좋은 점을 믿을 준비가 되어 있습니다. 저는 사랑의 이런 점이 마음에 듭니다. 이것이 하나님이 우리를 사랑하시는 방식이기 때문입니다. 하나님은 저의 가장 좋은 모습을 믿으십니다. 하나님의 이런 사랑은 남편, 아내, 형제, 자매, 자녀들, 친구들, 목회자 또는 누구든지, 모든 사람의 최고의 모습을 믿을 준비가 되어있습니다.

제 2차 세계대전 중에 저는 소위 순회 사역을 위해 여기저기 여행을 했습니다. 1944년부터 1945년까지, 그리고 1949년부터 1974년까지 줄곧 이 일을 했습니다. 1974년부터는 레마 성경훈련소 사역을 시작했습니다. 여행을 많이 다녔으므로 많은 사역자들이 자기 외의 다른 여러 사역자들을 비평하는 것을 들을 기회가 많았습니다. "아무개 목사님 소식 들었어요?" 그들은 늘 다른 목사님들에 대한 나쁜 소문을 들려주었습니다. 그럴 때면 저는 이렇게 말했습니다. "저는 그런 나쁜 소문을 믿지 않겠어요." 그리고 대개의 경우 제가 들었던 그런 소문들은 사실이 아닌 것으로 판명되곤 했습니다.

저는 누구의 소문이든 나쁜 것이면 그것을 믿지 않았습니다. 언제나 사람의 좋은 것을 믿을 준비가 되어있는 것이 바로 사랑입니다. 우리 자녀들도 이런 사랑의 분위기 속에서 자랄 권리가 있습니다. 그들이 이런 사랑의 분위기 속에서 자라게 되면 세상에 나가서도 싸워 이길 것입니다.

제 아내와 저는 가정에서 늘 이런 분위기를 유지해왔습니다. 그래서 우리 아이들이 아무런 문제가 없이 자랐던 것입니다. 우리 아이들이 처음부터 성숙된 모습을 보였다는 말이 아닙니다. 그들도 여느 아이와 같은 어린 아이들이었지만 우리들은 그들의 최고의 모습을 믿었습니다. 혹 여러분이 자녀들에게서 가장 나쁜 모습을 보고 그것을 말한다면, 그들은 결국 아무것도 되지 못할 것입니다. 그들은 여러분이 말하는 그대로 될 것입니다. 여러분이 여러분의 자녀를 볼 때 어른스럽게 행동할 것을 기대할 수 없다면, 그들은 실패할 수도 있습니다. 그러나 여러분이 자녀에게서 최상의 모습을 본다면 그들은 뭔가를 이루어 낼 것입니다. 자녀가 이렇게 되도록 사랑으로 행하는 것이 바로 우리 부모의 의무입니다.

또한 고린도전서 13장에 의하면 "사랑은 약해지지 않고 모든 것을 견딥니다. 사랑은 (쓸모없게 되거나, 약해지거나, 끝나버리는 것같은) 실패가 결코 없습니다"(고전 13:7,8).

거듭나서 성령세례를 받은 사람은 영적 은사spiritual gifts에 흥미를 느낍니다. 마땅히 그래야 합니다. 성경은 우리에게 영적 은사에 관심을 가지라고 말합니다(고전 12:31). 하지만 우리는 무엇보다 먼저 사랑에 관심을 가져야 합니다.

바울은 고린도전서 13장을 통해 예언도 폐하고 방언도 그치고 지식도 폐할 것이라고 말합니다(고전 13:8). 예언이 실패했다는 말이 아닙니다. 언젠가 예언이 모두 이루어질 것이라는 의미입니다. 방언이 끝났다는 의미가 아닙니다. 앞으로 없어지게 될 것이라는 의미입니다. 하늘나라에서는 방언으로 말할 필요가 없을 것입니다. 또한 지식이 폐기되었다는 의미가 아닙니다. 그러나 언젠가 지식이 필요 없어질 것이란 의미입니다. 하지만 하나님께 감사하게도 **사랑은 사라지지 않습니다.**

그러므로 사랑으로 행합시다. 예전에 몇몇 사역자들과 식당에 갔었습니다. 그들은 사랑에 대해 이야기 하고 있었는데 저는 그냥 듣고만 있었습니다. (들음을 통해 많은 것을 배울 수 있습니다.) 저는 그들의 대화에 끼어들지 않았고 단 한마디도 말하지 않았습니다. 그분들은 모두 순복음교회 소속 목사님들이었고, 저는 그들 중 한 분의 교회에서 집회를 열고 있었습니다.

이분들은 자기 자신들과 자기의 교회 교인들, 그리고 거의 모든 사람들이 사랑으로 행하는 것에 얼마나 많이 부족한가 하는 점을 이야기하고 있었습니다. 제가 집회를 열고 있던 교회의 목사님이 이렇게 말했습니다. "하나님께서 우리에게 사랑을 공급해주시도록 기도해야 합니다. 우리는 마땅히 가져야 할 사랑을 가지고 있지 않습니다." 저는 속으로 이렇게 말했습니다. '주님, 저 말은 사실이 아닙니다. 그들은 단지 그들이 가진 빛을 따라 행하지 않고 있을 뿐이지요. 그것이 그들의 문제입니다.'

자신들끼리만 이야기를 하다가, 마침내 제가 집회를 열고 있던 교회의 목사님이 저에게 물었습니다. "해긴 목사님은 이 문제에 대해 어떻게 생각하세요?"

"정말 알고 싶으세요?"

"그럼요."

"만일 목사님께서 말씀하신대로 목사님께 사랑이 없는 것이 확실하다면 목사님은 구원을 받아야 할 것입니다."

그 목사님은 마치 제가 젖은 행주로 뺨을 때리기나 한 것처럼 놀라서 저를 쳐다보았습니다.

저는 이야기를 계속 했습니다. "성경은 이렇게 말하고 있지요. '우리가 형제를 사랑함으로 사망에서 옮겨 생명으로 들어간 줄을 알거니와'(요일 3:14), 그리고 또 이렇게 말합니다. '우리에게 주신 성령으로 말미암아 하나님의 사랑이 우리 마음에 부은바 됨이니'(롬 5:5)".

이 목사님은 수년간 목회를 해오고 있었습니다. 이 분은 놀란 눈으로 저를 쳐다보며 말했습니다. "아, 정말 목사님 말씀이 옳습니다. 우리가 무엇을 해야 할지 이제 알겠어요. 하나님께 사랑의 세례를 베풀어 달라고 기도하면 되겠군요. 단지 사랑으로 세례를 베풀어 달라고 구하면 되겠네요."

"죄송합니다만, 그 생각도 옳지 않습니다. 사랑의 세례란 것은 없습니다. 사랑은 세례가 아니라 열매입니다. 저는 지금까지 여러분과 함께 있으면서, 열매를 보지 못했습니다. 하지만 적어도 싹은 보았습니다. 그러니 실망하지 마십시오. 제가 이제 어떻게 열매를 맺는지를 알려드리겠습니다."

저는 그분들에게 하나님의 말씀을 계속해서 공급받고, 기도로 하나님과 계속 교제하면 곧 열매를 맺게 될 것이라고 가르쳐 드렸습니다.

예수님은 이렇게 말씀하셨습니다. "그가 내 안에, 내가 그 안에 거하면 사람이 열매를 많이 맺나니…"(요 15:5). 사랑은 열매입니다. 그것은 갈라디아서 5장 22절에 언급된 열매 중 첫 번째 열매입니다. "오직 성령의 열매는 사랑과…" 만일 누군가가 자신에게 사랑이 없다고 말한다면, 그는 이렇게 말하는 것과 다름이 없습니다. "나는 주님 안에 거하고 있지 않습니다."

이들 순복음교회 목사님들도, 함께 모여서 하나님과 그분께서 하신 일에 대해서 이야기하는 대신, 다른 이야기에 더 흥미를 느끼고 있었습니다. 여유 시간에도 주님과 교제를 하기보다는 골프를 치면서 시간을 보냈습니다. 골프를 치는 것 자체가 문제가 있다고 생각하지는 않습니다. 저 자신도 골프를 조금 해보았습니다. 시간이 없어서 많이 치지는 않았지만 말입니다.

그리고 이 목사님들은 항상 농담을 했습니다. 농담을 해서 다른 사람을 즐겁게 하거나 교제를 하는 것도 좋습니다만, 항상 영적인 것을 우선해야 합니다.

그렇습니다. 우리는 하나님께 사랑으로 세례를 베풀어 달라고 기도할 필요가 없습니다. 예수님 안에 거해야 합니다. 그리고 기도하고, 예수님과 교제하고 교통함으로써 예수님이 우리 안에 거하시도록 해야 합니다. 예수님과 교류하는 것은 예수님을 기다리고, 그분의 말씀을 계속 섭취하는 것을 말합니다. 그렇게 할 때 우리 속에 아직 봉오리로만 남아있는 사랑이 꽃을 피우고 열매를 맺게 될 것입니다.

여러분 중 누구라도 사랑이 봉오리로만 남아있다고 해서 실망하지 말고 계속 주님 안에 거하십시오. 머지않아 열매가 무르익게 될 것입니다.

주님께서는 당신이 그분의 계명대로 행하고 그분의 모든 율례를 지킨다면, 당신에게서 모든 질병을 제하고 당신의 날수를 채우리라고 말씀하셨습니다. 여러분이 어떤 질병에서든 낫고자 한다면, 앞에서 말씀드린 여자아이의 어머니가 한 것처럼 하십시오. "사탄아, 나는 사랑으로 행하고 있다. 내 몸에서 손을 떼라. 나는 나의 날 수를 다 채울 것이다." 할렐루야!

다음의 말을 입으로 고백하십시오.

"하나님의 사랑이 성령으로 내 마음에 부은바 되었습니다. 나는 그 사랑이 나를 다스리도록 할 것입니다. 내 마음과 내 영에는 하나님의 사랑이 있습니다. 나는 인간의 자연적이고 인간적인 논리가 나를 다스리도록 허용하지 않을 것입니다. 나는 영으로 행하며 사랑으로 행할 것입니다. 나는 사랑의 사람입니다. 나는 하나님의 사랑의 계명과 율례를 행하며 살 것입니다."

제 6 장

고난을 통해 온전하게 됨

믿는 자에게 **내주하시는** 성령과 관련하여 꼭 명심해야 할 세 가지에 대해 알아보고 있습니다. 첫째는, **성령의 새롭게 하심이 지속적으로 필요하다는 것**입니다. 이는 기도하며 하나님을 기다리고 하나님의 말씀을 먹을 때 이루어집니다. 둘째는, 하나님께서 우리를 위해 예정하신 방향대로 온전히 살아가기 위해서, 우리가 **성령 안에서 행해야 한다는 것**입니다.

셋째 : 성령의 방법 The Way of The Spirit

세 번째로 명심할 것은 **성령의 방법을 배워야 한다는 것**입니다. 성령의 방법을 배워야 우리가 처하는 모든 상황 속에서 하나님을 따라갈 수 있습니다. 6장과 7장에서 이것에 대해 설명하겠습니다. 우리는 반드시 성령의 방법을 배워야 합니다.

먼저 이사야 55장을 보십시오.

> 이는 하늘이 땅보다 높음 같이 내 길은 너희의 길보다 높으며
> 내 생각은 너희의 생각보다 높음이니라 사 55:9

하나님의 생각은 우리의 생각과 같지 않습니다. 거듭난 그리스도인들이 반드시 알아야 하는 것이 있는데, 하나님께서는 우리의 삶에서 자신의 뜻을 이루는 독특한 방법을 가지고 계시다는 것입니다.

사람들이 싫어할지도 모르는 진리가 하나 있습니다. (성경에 대해 공부하는 것은 마치 산을 오르는 것과 같습니다. 산을 오를 때에 사람들은 이쪽으로 올라가든지 아니면 저쪽으로 올라가든지 자기가 올라가는 쪽의 모습만을 볼 수 있습니다.) 성경은 예수님에 대해서 말씀하시면서 고난을 통하여 온전하게 되었다고 말하고 있습니다. 히브리서를 보십시오.

그가 아들이시면서도 받으신 고난으로 순종함을 배워서 온전하게 되셨은즉 자기에게 순종하는 모든 자에게 영원한 구원의 근원이 되시고 히 5:8-9

고난에 대해서 이야기할 때 사람들은 종종 혼란스러워 합니다. 그들은 기도에 대해서 혼동하는 것처럼 고난에 대해서도 혼동하고 있는 것입니다.

교회에서는 모든 종류의 기도를 한 자루에 넣어서 마구 섞은 뒤에 꺼내놓습니다. 하지만 성경은 여러 가지의 기도가 있는데 기도의 종류에 따라 목적과 방법이 다르다고 말합니다. 특정한 종류의 기도가 다른 종류의 기도를 대체할 수 없으며 각각의 기도는 다른 위치에서 고유의 중요한 역할을 하고 있습니다.

고난에 대해서도 마찬가지입니다. 사람들은 고난이라면 모두 같은 것이라 생각하고 한 자루에 넣어 생각해버립니다. 그리고는 혼란스러워 합니다. 고난에는 어떤 다른 것들이 있는지 분별할 필요가 있습니다. 베드로전서 2장을 보십시오.

사환들아 범사에 두려워함으로 주인들에게 순복하되 선하고 관용하는 자들에게만 아니라 또한 까다로운 자들에게도 그리하라 **부당하게 고난을 받아도 하나님을 생각함으로 슬픔을 참으면 이는 아름다우나** 벧전 2:18-19

성경이 우리가 당해야 하는 고난을 말할 때 그 고난에 질병은 들어 있지 않습니다. 그리스도인들은 더 이상 질병으로 인한 고난을 당할 필요가 없습니다. 예수님이 질병으로부터 우리를 속량하셨기 때문입니다. 이 본문의 몇 구절 뒤에 베드로 사도는 이렇게 말합니다.

"…그가 채찍에 맞음으로 너희는 나음을 얻었나니"(벧전 2:24). 성경이 우리가 나음을 얻었다고 했으면 말씀 그대로 우리는 나음을 얻은 것입니다. 사람들은 종종 자신이 질병에 걸리면 주님이 주시는 고난을 당하고 있다고 말합니다. 아닙니다. 그들은 주님이 주시는 고난을 당하고 있는 것이 아닙니다. 베드로전서 2장 19절은 부당하게 고난을 받으므로 오는 슬픔에 대해 말하고 있습니다.

> 죄가 있어 매를 맞고 참으면 무슨 칭찬이 있으리요 그러나 선을 행함으로 고난을 받고 참으면 이는 하나님 앞에 아름다우니라 이를 위하여 너희가 부르심을 받았으니 그리스도도 너희를 위하여 고난을 받으사 너희에게 **본을 끼쳐 그 자취를 따라오게 하려 하셨느니라** 벧전 2:20-21

고난에 대처하신 그리스도의 **본**을 따르는 것과 그리스도께서 당한 고난을 우리가 **대신** 받는 것은 다른 것입니다.

우리는 그리스도께서 고난에 대처하신 모습을 본받아야 합니다. 하지만 그분의 고난을 우리가 대신 받을 수는 없습니다. 그분이 우리를 대신하여 대속물이 되셨기 때문입니다. 우리의 대속물이 되셔서 예수님이 고난을 당하셨으므로 우리는 고난을 당할 필요가 없습니다.

성경이 "…너희에게 본을 끼쳐 그 자취를 따라오게 하려 하셨느니라"(21절)라고 말한 것에 주목하십시오. 예수님이 우리에게 보여주신 본은 어떤 것인가요?

> 그는 죄를 범하지 아니하시고 그 입에 거짓도 없으시며 욕을 당하시되 맞대어 욕하지 아니하시고 **고난을 당하시되** 위협하지 아니하시고 오직 공의로 심판하시는 이에게 부탁하시며 벧전 2:22-23

예수께서는 우리 죄를 지시고 죽음의 고통 중에 피를 흘리셔서 우리를 대속하셨습니다. 그분이 우리를 대신하여 고난을 당하셨으므로 우리가 또 다시 고난을 당할 필요가 없습니다. 반면에 욕을 듣고 핍박을 받고 비난을 당하는 고통을 받으실 때 예수님은 우리가 그런 일을 당할 때 어떻게 해야 하는지에 대한 본을 보이셨습니다.

그리스도인들은 핍박을 받게 되어 있습니다. 세상 사람들은 우리에 대해 수군거리고 욕합니다. 베드로전서에서 말하는 고난은 이것을 말하는 것입니다. 예수님은 사람들이 욕하고 비난할 때, 그들을 위협하지 않으셨습니다. 다만 예수님은 하시던 일을 계속 하셨습니다. 사람들이 저를 비난할 때, 저는 진리만을 계속 말했습니다. 그들의 비난을 상대하느라고 시간을 허비하지 않았습니다.

예수님이 당하신 고난을 생각해 보십시오. 빌립보서 2장 7절은 이렇게 말합니다. "오히려 자기를 비워 종의 형체를 가지사 사람들과 같이 되셨고"(빌 2:7). 엄청난 값을 치르셨습니다. 그렇지 않습니까? 주님이 이렇게 하시기 위해 얼마나 많은 고통을 당하셔야 했습니까? 이 성경말씀의 다른 번역본은 이렇게 되어있습니다. "그는 그의 권능과 영광을 버리셨고, 그저 평범한 사람이 되셨습니다." 또 다른 번역본은 이렇게 말합니다. "그분은 합당하게 가지신 모든 권리와 특권과 위엄을 버리시고, 인간으로 태어나셨습니다."

예수님이 치르신 값을 생각해보십시오. 예수님은 고난을 통해 순종을 배우셨습니다. 사실 주님은 배우시기 전에 이미 십자가의 길을 순종하셨습니다. 예수님은 이 땅에 오셔서 하나님 아버지의 뜻을 행하시기로 이미 순종하셨습니다. 그런 분이셨지만 고난을 받으심으로 온전하게 되셨습니다.

히브리서 2장 18절을 보십시오. "그가 시험을 받아 고난을 당하셨은즉 시험 받는 자들을 능히 도우실 수 있느니라"(히 2:18). 우리에게도 시험의 고난이 있습니다. 그러나 감사하게도 주님은 우리를 그 시험에서 구하여 내실 수 있습니다. 예수님은 시험받는 자들을 도우실 수 있습니다. 왜냐하면 그분은 모든 면에서 우리와 똑같이 시험을 받으셨기 때문입니다.

히브리서 4장 15절에서 하나님은 같은 말씀을 하십니다. "우리에게 있는 대제사장은 우리의 연약함을 동정하지 못하실 이가 아니요 모든 일에 우리와 똑같이 시험을 받은 자로되 죄는 없으시니라"(히 4:15). 다음 구절은 이렇게 말합니다. "그러므로 우리가 긍휼하심을 받고 때를 따라 돕는 은혜를 얻기 위하여 은혜의 보좌 앞에 담대히 나아갈 것이니라"(히 4:16).

히브리서 5장 2절을 보십시오. "그가 무식하고 미혹된 자를 능히 용납할 수 있는 것은 자기도 연약에 휩싸여 있음이라"(히 5:2). 예수님은 우리처럼 시험을 받으셨습니다. 그러므로 우리를 도우실 수 있습니다. 하나님께 감사드립니다.

사도들의 고난

사도행전에서는 고난에 대해 어떻게 말하고 있는지 보겠습니다.

사도들은 그 이름을 위하여 능욕 받는 일에 합당한 자로 여기심을 기뻐하면서 공회 앞을 떠나니라 행 5:41

이 말씀은 예수의 이름을 가르친 것 때문에 사도들이 감옥에 갇히고 매를 맞은 것에 대해서 기록한 것입니다.

미국에서 사는 우리는 초대교회의 성도들이나 다른 기독교 핍박 국가에 사는 신자들처럼 예수님의 이름 때문에 능욕을 당하지는 않습니다. 그러나 그들은 능욕을 당하는 것을 합당하게 여겼고 또한 기뻐했습니다.

사도행전 9장은 사도 바울의 회심에 대한 말씀입니다.

그때에 다메섹에 아나니아라 하는 제자가 있더니 주께서 환상 중에 불러 이르시되 아나니아야 하시거늘 대답하되 주여 내가 여기 있나이다 하니 주께서 이르시되 일어나 직가라 하는 거리로 가서 유다의 집에서 다소 사람 사울이라 하는 자를 찾으라 그가 기도하는 중이니라 그가 아나니아라 하는 사람이 들어와서 자기에게 안수하여 다시 보게 하는 것을 보았느니라 하시거늘 아나니아가 대답하되 주여 이 사람에 대하여 내가 여러 사람에게 듣사온즉 그가 예루살렘에서 주의 성도에게 적지 않은 해를 끼쳤다 하더니 여기서도 주의 이름을 부르는 모든 사람을 결박할 권한을 대제사장들에게 받았

나이다 하거늘 주께서 이르시되 가라 이 사람은 내 이름을
이방인과 임금들과 이스라엘 자손들에게 전하기 위하여 택한
나의 그릇이라 **그가 내 이름을 위하여 얼마나 고난을 받아야
할 것을 내가 그에게 보이리라 하시니** 행 9:10-16

사도 바울은 질병이나 허약해지는 것으로 인한 고난을 받은 것이 아닙니다. 사람들이 이 점을 오해합니다. 그러면 바울이 받은 고난은 무엇입니까? 우리는 고린도후서에서 그 답을 찾을 수 있습니다.

오직 모든 일에 하나님의 일꾼으로 자천하여 많이 견디는 것과 환난과 궁핍과 고난과 매 맞음과 갇힘과 난동과 수고로움과 자지 못함과 먹지 못함 가운데서도 깨끗함과 지식과 오래 참음과 자비함과 성령의 감화와 거짓이 없는 사랑과
고후 6:4-6

사람들이 환난을 당한다고 말할 때 이는 질병으로 인한 것이라고 말합니다. 그러나 4절에서 말하는 "환난"의 의미는 헬라어로 시험과 시련을 의미합니다.
고린도후서 11장을 보면 사도바울이 겪었던 고난에 대해 좀 더 알 수 있습니다.

그들이 그리스도의 일꾼이냐 정신 없는 말을 하거니와 나도 더욱 그러하도다 내가 수고를 넘치도록 하고 옥에 갇히기도 더 많이 하고 매도 수없이 맞고 여러 번 죽을 뻔하였으니 유대인들에게 사십에 하나 감한 매를 다섯 번 맞았으며 세 번 태장으로 맞고 한 번 돌로 맞고 세 번 파선하고 일 주야를 깊은 바다에서 지냈으며 여러 번 여행하면서 강의 위험과 강도의 위험과 동족의 위험과 이방인의 위험과 시내의 위험과 광야의 위험과 바다의 위험과 거짓 형제 중의 위험을 [여러 위험 중 이 거짓형제의 위험은 가장 고약한 것이고 견디기도 힘들었을 것입니다] 당하고, 또 수고하며 애쓰고 여러 번 자지 못하고 주리며 목마르고 여러 번 굶고 춥고 헐벗었노라 이 외의 일은 고사하고 오히려 날마다 내 속에 눌리는 일이 있으니 곧 모든 교회를 위하여 염려하는 것이라 고후 11:23-28

위의 말씀을 통해 사도 바울이 겪은 고난을 알 수 있습니다. 미국에 사는 우리는 이런 고난을 당하지 않지만 바울은 이 모든 고난 중에 있었습니다. 그러나 바울은 믿음의 사람이었습니다. 그는 이런 고난에 어떻게 대처하는지를 알고 있었습니다. 그의 믿음이 이 모든 환란과 역경을 이겨나갈 수 있게 했습니다.

고난을 통해 성숙해집니다

하나님을 믿는 것을 배우게 되면 어려움이 없게 되리라고 생각하는 사람들이 많이 있습니다. 하지만 성경은 그렇게 말하고 있지 않습니다.

고난은 우리들을 영적으로 빨리 성숙되도록 합니다. 자연적인 세계에서도 같은 원리가 적용됩니다. 아이들은 부모로부터 먹을 것과 잠자리를 제공받습니다. 어릴 때는 모든 것이 다 준비됩니다. 그러나 아이들이 자라면 스스로 자신의 필요를 채워야 할 때가 옵니다. 집세도 내야 하고, 먹을 음식도 사야 하고, 자동차 할부금도 내야 합니다. 이런 상황에 대처할 수 있는지를 보면 스스로가 성숙된 사람인지 아닌지를 즉시 알 수 있습니다.

저도 지금 돌이켜보니 당시에는 성령께서 저를 힘든 곳으로 인도하셨다는 것을 알지 못했습니다. 하나님의 말씀을 알며, 믿음으로 걷는 것만으로는 성숙해질 수 없습니다. 그렇기 때문에 많은 사람들이 안정되지 못하고 요동하며 성숙된 모습을 보이지 못하는 것입니다. 그들은 힘든 곳에 놓이기를 피하기 때문입니다. 저를 그런 힘든 곳으로 인도하신 하나님께 감사드립니다. 또한 제게 어려움을 주었던 참견하기 좋아하는 사람들을 인해서도 하나님께 감사를 드립니다.

언젠가 제가 목회를 했던 교회에서 송구영신예배를 드린 적이 있습니다. 그때 사람들은 그 해의 마지막 날 밤 12시까지 자지 않고 있다가 새해를 맞이하곤 했습니다. 그 특별한 예배 때에는 특별한 설교자를 두지 않고, 교회 식구들이 자신들에게 어떤 의미를 갖는지에 대해 서로 간증했습니다.

"나는 아무개 자매로 인해 하나님께 감사드립니다." 제가 이렇게 이야기하자 모든 사람이 저를 쳐다보았습니다. 그 아무개 자매는 남의 이야기를 하기 좋아했기 때문입니다. 그녀는 언제나 말썽을 일으키고 다녔고 모든 일에 참견하였습니다. 그녀는 저를 포함한 교회의 모든 사람들에게 누구보다 많이 문제를 일으켰었습니다.

저는 이렇게 말했습니다. "저는 아무개 자매로 인해 하나님께 감사하기 원합니다. 그녀는 저에게 교회의 그 누구보다도 복이 되었던 자매입니다. 그녀로 인해 저는 말 그대로 항상 무릎 꿇고 기도할 수밖에 없었습니다. 그녀가 아니었더라면 저는 이렇게 많이 기도하지 못했을 것입니다."

그녀를 만난 것이 저에게 큰 도움이 되었습니다! 저는 그녀로 인해 고난을 당했지만, 그것이 저를 성숙하게 했습니다.

성령에 이끌려 광야로 가기

저는 종종 성령께서 우리를 광야로 이끄신다는 것을 당신이 알기 바랍니다. 여러분이 잘 아시듯이, 예수님은 성령에 이끌려 광야로 가셔서 시험을 받으셨습니다. 누가복음 4장 1절을 보십시오. "예수께서 성령의 충만함을 입어 요단 강에서 돌아오사 **광야에서 사십 일 동안 성령에게 이끌리시며**"(눅 4:1).

[다른 이야기지만 여기서도 성령으로 **태어나는 것**born of Spirit과 성령으로 **세례를 받는 것**baptized with the Spirit이 다르다는 것을 상징적으로 보여줍니다. 예수님이 바로 이 일의 표본입니다. 예수님은 성령으로 태어나셨습니다. 누가복음 1장 35절은 성령이 마리아에게 임했고 하나님의 능력이 그녀를 덮으셨음을 말하고 있습니다. 예수님이 성령으로 태어나신 것입니다. 그리고 누가복음 4장에는 30년 뒤에 예수님이 성령으로 세례를 받으셨다고 말하고 있습니다. 하나님의 일을 하기 위해 성령의 기름부음을 받으신 것입니다.]

성령께서 예수님을 이끌어 광야로 가게 하시고 사탄에게 시험을 받도록 하셨습니다. 사람들은 광야로 가게 된 것이 사탄이 그렇게 한 것이라고 말합니다만, 예수님은 성령에 이끌려서 광야로 가셨습니다. 히브리서 5장 8절을 보십시오. "…고난으로 순종함을 배워서, 온전하게 되었은즉…" 우리가 인식하든 인식하지 못하든, 이러한 것들이 우리를 세우기도 하고 무너뜨리기도 합니다.

이 과정에서 믿음이 역사하기도 하고, 아니면 비극이 일어나기도 합니다. 종종 사람들은 믿음에 대해서 배우게 되면, 자신이 인생에서 아주 순탄한 항해를 하게 될 것이고 모든 것이 최고로 잘 될 것이라고 생각합니다. 그들은 이제 어떤 시련이나 시험이나 고난도 없을 것이라고 생각합니다. 하지만 누군가가 나타나서 그 사람에 대해 무엇인가를 말하자마자, 그는 즉시 멈춰 버립니다.

당신은 핍박을 받게 될 것입니다. 예수님께서도 요한복음 16장 33절에서 이렇게 말씀하셨습니다. "이것을 너희에게 이르는 것은 너희로 내 안에서 평안을 누리게 하려 함이라 **세상에서는 너희가 환난을 당하나** 담대하라 내가 세상을 이기었노라"(요 16:33).

세상에서 우리는 환난을 당하고 핍박을 받으며 역경에 부딪히게 됩니다. 마귀는 할 수 있는 한 최선을 다해서 우리의 인생길에 장애물을 늘어놓을 것입니다. 바울이 여행을 했던 지역과 같은 곳에서는 사탄이 좀 더 많은 장애물을 늘어놓을 수 있었을 것입니다. 그런 지역은 미국이 가진 것 같은 종교의 자유가 없기 때문입니다.

사람들은 고난에 관한 지식에 대해 완전히 혼란에 빠져있습니다. 어떤 사람이 양쪽 폐에 모두 폐렴이 걸리자 이렇게 말했습니다. "내가 폐렴에 걸린 것은 예수님을 위해 고난을 받는 것입니다." 아닙니다. 그것은 예수님을 위하는 것이 아닙니다. 반면에 또 다른 면에서 보면 마가복음 10장에서 열거된 것 같은 고난은 우리 믿는 자들에게 다가오도록 되어있습니다.

> 베드로가 여짜와 이르되 보소서 우리가 모든 것을 버리고 주를 따랐나이다 예수께서 이르시되 내가 진실로 너희에게 이르노니 나와 복음을 위하여 집이나 형제나 자매나 어머니나 아버지나 자식이나 전토를 버린 자는 현세에 있어 집과 형제와 자매와 어머니와 자식과 전토를 백 배나 받되 **박해를 겸하여** 받고 내세에 영생을 받지 못할 자가 없느니라 막 10:28-30

우리 모두는 집과 전토와 하나님의 축복을 달라고 하기를 원합니다. 그런데 혹시 이렇게 말하는 사람을 보셨습니까? "나는 마가복음 10장에 언급된 핍박을 받기 원해요." 그런 사람은 없을 것입니다. 우리는 언제나 전토를 구합니다. 그리고 당신은 전토를 구할 필요가 있습니다. 하지만 핍박을 달라고 구할 필요는 없습니다. 핍박은 구하지 않아도 여러분 앞에 나타날 것입니다. 예수님은 "번영을 받되 박해를 겸하여 받고"라고 말씀하셨습니다.

목사가 좋은 집을 가지고 있다는 것을 비난하는 사람이 있습니다. 목회자가 집을 백 채나 가지고 있다고 해도 잘못된 것은 없습니다. 이것은 성경적입니다. 하지만 저는 집 한 채면 족합니다. 집을 한 채 갖기 위한 고난으로도 충분합니다. 집을 더 갖기 위해 더 많은 고난을 받고 싶지 않습니다. 여러분은 사람들로부터 비난을 받게 됩니다. 그런데 여러분이 성숙되지 않았다면 그때 여러분은 매우 당황하게 될 것입니다.

사역할 때 겪는 고난

제가 오랫동안 가르쳐 온 것은 하나님께서는 모든 사람이, 단지 몇 사람만이 아니라 모든 사람이 질병 없이 건강하기 원하신다는 것이었습니다. 또한 하나님은 우리 모두가 질병에 걸리지 않고 약해지지도 않는 건강한 몸으로 이 땅에서의 수명을 채우기를 원하신다는 것이었습니다. 하나님의 최선의 뜻은 바로 이것입니다. 비록 모든 사람이 하나님의 최선의 삶을 살지는 못합니다만, 하나님은 이것을 원하십니다. 만일 여러분이 이런 말씀을 가르치면 여러분도 비판을 받게 될 것입니다.

제가 순복음교회를 다니며 오랫동안 하나님의 치유에 대해 가르쳤지만, 어떤 때는 제가 집회를 했던 교회의 목사님조차도 저를 비난했습니다. 목사님들은 저에게 이렇게 말했습니다. "치유는 그렇게 중요한 것은 아닙니다." 제 집회에 참석했던 어떤 사람도 저에게 이렇게 말했습니다. "사실 치유는 예수님이나 사도들에게 있어서 그저 부수적인 사역에 불과했습니다." 그분 역시 목회자였습니다. 그들이 뭐라고 하든지 저는 그저 매일 밤 가르치기만 했습니다. 제가 가르치고자 하는 것만 더욱 열심히 가르쳤습니다. 저는 그들이 단념하고 저에게서 떠나가도록 했습니다. 마치 오리의 등 위에 떨어진 물이 스며들지 못하고 미끄러져 흘러가버리는 것처럼 말입니다.

사랑하는 여러분, 이렇게 해서 저는 제 성품을 개발했습니다. 사방에서 저를 비난했습니다. 성령께서 어떤 한 사람을 가르치라고 저를 인도하셨는데 저는 그것이 도무지 이해되지 않았습니다. 왜냐하면 그는 내가 무엇을 가르치는지 알고 있는 사람이었고, 집회 도중에 일어나서 내가 가르치는 것을 비난하기도 했습니다. 그런데 그가 집회에 와서 자기를 가르쳐 달라고 부탁하고 있는 것이었습니다. 제가 주님께 말했습니다. "주님, 정말 가기 싫습니다." 그런 일을 한다는 것은 참 괴로운 일입니다. 제가 가르치는 것이 항상 말할 수 없이 기쁘고 영광스러운 것만은 아니었습니다.

저는 그 집회에서 그와 제가 모두 동의하고 믿는 것부터 가르치기 시작했습니다. 논쟁을 피하려고 그렇게 했습니다. 그 목사님이 말했습니다. "목사님은 다른 목사님들이 가르치지 않는 성경구절을 가지고 가르치시는군요." 저는 언제나 그렇게 했었습니다. 저는 다른 사람과 같은 사람이 되고 싶지 않았기 때문입니다. 예를 들어 저는 돌아온 탕자에 대한 설교는 단 한 번도 하지 않았습니다. 성경에 있는 내용이므로 돌아온 탕자에 대한 성경구절을 가지고 가르치는 것이 문제가 될 것은 없습니다만, 저는 항상 다른 성경구절을 가지고 가르쳤습니다. 이 목사님의 경우 제가 평소에 가르치던 내용을 가르치면 그 내용에 대해 모두 시비를 걸 수 있는 분이었습니다.

그래서 저는 먼저 이 분이 관심을 가지는 그런 내용을 가지고 시작했습니다. 당신은 뱀처럼 지혜롭고 비둘기처럼 순결할 필요가 있습니다(마 10:16). 이 목사님의 주의를 끈 다음, 중간에 믿음에 관한 가르침을 조금 보탰습니다. 다른 내용을 가르치는 중간 중간에 한 숟가락씩 믿음에 대해 가르쳤습니다. 좋은 것이라도 한꺼번에 많이 먹이면 질릴 수 있습니다. 그 목사님이 다시 내게서 멀어져가는 것같은 눈치가 보이면, 다시 예전 침례교에서 많이 하던 설교인 "어린 양의 혼인 잔치"나 "예수 그리스도의 재림"같은 것을 가르쳤습니다. 그는 다시 제 가르침에 주목했습니다. 그럴 때면 다시 믿음에 대해 조금 더 가르쳤습니다.

제가 주님께 여쭈었습니다. "주님, 왜 저를 이곳에 보내셔서 이런 경험을 하도록 하셨습니까?" 저는 우리가 주님 뜻 안에 있으면서도 여기저기서 상처를 받을 수 있다는 것을 알지 못했습니다. 이런 고난들은 우리를 온전하게 하는 것입니다. 우리를 강하게 합니다. 고난은 우리의 등뼈를 면실처럼 약해지지 않고 지렛대처럼 강하게 만듭니다. 이것이 성령에 이끌려 광야로 가서 마귀의 시험을 받는다는 것이 뜻하는 바입니다. 즉 성령에 이끌려 시험을 받는 것입니다.

제가 마지막으로 목회를 했던 교회에서 있었던 일입니다. 가을에 열리는 성경집회에 가려고 준비를 하는 중이었습니다. 교회에서 주일저녁에 설교를 한 뒤였고 화요일 아침에 그 집회장소로 출발할 생각이었습니다.

월요일 아침에 교회 사무실에 잠시 들렀습니다. 사무실로 막 들어가려는데 성령께서 말씀하셨습니다. "지금부터 이틀 동안 금식을 해라. 집회에 가면 그들이 너에게 아픈 사람을 위해 기도해달라고 부탁할 것이다."

사무실로 들어가서 주님께 여쭈었습니다. "주님, 그들은 그런 기도를 부탁하는 사람들이 아닙니다. 그들은 예전에 한 번도 저에게 무엇을 위해 기도해달라고 부탁해본 적도 없습니다. 또 거기에는 수백 명의 목사들도 있습니다." 어떤 가르침들에 있어서 그들에게는 제가 너무나 부담스러운 존재였습니다.

화요일 아침에 아내와 함께 그 집회에 갔습니다. 집회 장소에는 이미 사람들로 가득 차서 우리들은 뒷좌석에 앉을 수밖에 없었습니다. 잠시 후 그 집회의 주강사가 말씀을 전할 시간이 되었습니다. 그 주강사를 청중에게 소개했던 사람이 이렇게 말했습니다. "조금 전에 해긴 목사님이 들어오는 것을 보았습니다. 주님께서 이틀 전쯤부터 저에게 오늘밤에 해긴 목사님께 아픈 사람을 위해 치유사역을 하도록, 치유집회를 하도록 부탁하라고 말씀하셨습니다." 그 사람은 오늘밤의 주강사는 두 명이라고 말하고 저에게 기존 주강사보다 먼저 사역을 할 것인지 아니면 나중에 할 것인지를 물었습니다. 성경에서 네 형제에게 양보하라고 하셨기 때문에 저는 나중에 하겠다고 했는데, 이것이 큰 실수였습니다.

그것은 참으로 고난 그 자체였습니다. 기존의 주강사는 매우 화가 났습니다. 제가 자신의 설교를 망칠지도 모른다고 생각했기 때문입니다. 그는 제가 아픈 사람을 위해 기도하는 시간을 갖는 것을 좋아하지 않았습니다. 그는 설교를 위해 성경에서 치유와 관련된 본문을 택했습니다. 혈루병을 앓았던 여인에 대한 것이었습니다. 처음에는 그런대로 괜찮았습니다. 오순절 교단의 부흥집회에 참석해서 보았던 기적들에 대해서 이야기를 시작했습니다.

그러나 곧 그는 자신의 설교를 시작했습니다. "이 시대엔 그런 기적을 기대하지 않는 것이 좋을 것입니다. 모든 부흥운동은 처음엔 활발하지만 곧 시들게 되어있습니다."

그는 처음에 사람들에게 믿음을 가르쳤지만, 사람들을 불신과 어둠 속으로 몰아 넣는 것으로 설교를 끝냈습니다. 그리고는 저에게 그 집회를 넘겨준 것입니다. 저는 목까지 차오른 의심의 바다를 헤쳐 나가야 했습니다. 무엇인가로 가득 찬 곳에서 수영을 하는 것 같았습니다. 저는 그 당시엔 수영을 하지 않았습니다. 물 밖으로 머리를 내놓기도 힘들었지요. 그 집회의 분위기는 불신으로 가득 찼습니다. 하나님께서 당연히 하시는 일조차도 그곳에서는 하실 것 같지 않은 분위기였습니다. 단상에 앉아있던 모든 목사님들은 제 목까지 차오른 불신의 열기를 느낄 수 있었습니다. 정말 힘들었습니다. 감사하게도 하나님께서 은혜를 베푸셔서 다시는 그런 일을 겪지 않아도 되었습니다. 천만 불을 준다고 해도 그런 경험을 다시는 하고 싶지 않습니다. 반면에 제가 한 경험은 이천만 불 이상의 가치가 있는 것이었습니다.

그런 고난의 경험은 저에게 새 힘을 주었습니다. 그것은 저를 온전하게 했습니다. 이런 것이 고난입니다. 이런 것이 바로 성령께서 우리를 광야로 인도하여 마귀에게 시험을 받도록 하시는 것입니다.

제 7 장

초자연적인 부르심

예전에 제가 목회를 했던 어느 교회에는 사역의 열매가 적어 참으로 힘든 시간을 보냈습니다. 그 교회의 목회는 제가 스스로 한 것이 아니라 성령의 인도를 받아 시작한 것이었습니다! 목회자들이 겪는 몇몇 가장 큰 시험들은 하나님의 부르심을 따라가는 과정에서 겪게 됩니다. 사탄은 목회자가 부르심을 따라가는 길 위에 가능한 모든 장애물을 던져 놓습니다. 만일 목회자가 이런 시련을 이길 힘과 성품을 갖고 있지 못하면 결코 부르심을 따라갈 수 없을 것이며 중도에서 탈락하고 말 것입니다.

내 친구 목회자를 위해 몇 번에 걸친 성경공부를 인도하고 있던 때를 기억합니다. 내 친구 목사와 그의 형은 모두 목회자였는데 그들은 텍사스주 동부에 있는 교회 출신이었습니다. 그 다음 주에는 그들의 출신지역인 텍사스 동부지역의 어느 교회로 가서 성경공부를 인도할 계획을 갖고 있었습니다. 그 교회는 새로운 목사님을 구하고 있었는데 그곳에는 교인들이 투표해서 목회자를 선정하는 전통이 있었습니다. 저는 미리 그 교회 집사님에게 그곳에 가서 설교하고 싶다고 말해두었습니다.

내 친구 목회자의 교회에서 저녁집회를 여는 동안, 매일 오후 친구 목회자와 그의 형이 함께 교회에 와서 우리는 같이 기도하는 시간을 가졌습니다. 그들은 날마다 다음 주에 가기로 예정된 교회를 놓고 기도해보았느냐고 물었습니다. 그럴 때마다 저는 "아니! 기도는커녕 생각조차 해본 적이 없다네. 나는 지금 당장 내가 해야 할 일만 생각하지."라고 대답했습니다. 성경은 이렇게 말합니다. "내일 일을 위하여 염려하지 말라 한 날 괴로움은 그날에 족하니라"(마 6:34)

저는 말했습니다. "나는 단지 그 곳에 가서 설교하려는 것 뿐이네. 그 교회의 목사직을 맡는 것이 하나님 뜻인지는 잘 모르겠네. 사실은 그것이 하나님의 뜻인지 아닌지에 대해 관심조차 없다네. 나는 지금 우리가 열고 있는 집회에 대해서만 관심이 있다네." 사람들은 미리 장래 일을 염려하지만 저는 그렇지 않았습니다.

다음날 오후에도 모여 기도를 하고 있었는데 친구 목회자는 병원 심방을 요청하는 전화를 받고 형과 함께 나갔습니다.

저는 예배당을 이리저리 걸으며 그날 저녁에 있을 집회에 대해 기도하고 있었습니다. 예배당 뒤쪽에 이르렀을 때 저는 그 자리에 멈춰 서서 장의자의 한쪽 끝에 기대어 섰습니다. "주님, 그 텍사스주 동부에 있는 교회에 대해 생각할 때가 된 것 같은데요. 저는 걱정하고 있지 않습니다. 주님이 원하시는 것이 무엇이든 저는 순종하겠습니다."

주님의 목소리가 들렸습니다. "네가 그 교회의 다음 목회자이고 그 교회가 네가 목회를 하는 마지막 교회가 될 것이다." 하나님의 음성은 너무나 분명해서, 저는 하마터면 돌아서서 "거기 누가 말하고 있나요?" 하고 외칠 뻔했습니다.

그때 저는 주님이 하신 말씀을 사탄이 먹어버리도록 할 수도 있었습니다. 저는 이렇게 생각했습니다. '내가 곧 죽게 된다는 말씀인가! 아니면 늙어서 103살까지 사역하고 은퇴할 때까지 그 교회에 있게 될 것이란 말씀인가.' 그러나 주님의 말씀이 무엇을 의미하는지 그때는 잘 몰랐지만 더 이상 알아보려고 하지 않았습니다. 그저 앞으로 그 곳에 가서 어떤 문제가 생기면 그때 가서 대처하기로 결심했습니다.

그렇게 결심했을 때 친구 목회자와 형이 돌아와서 제게 물었습니다. "여보게, 동부텍사스의 그 교회에 대해 기도해 보았나?" 제가 대답했습니다. "자네들은 지금 그 교회의 다음 목사를 보고 있다네."

그들이 말했습니다. "자네는 그 교회가 얼마나 어려운 처지인지 모를 걸세. 그 교회는 지금 두 조각으로 완전히 분열되어 있네. 절반은 지금의 담임목사를 지지하고 나머지 절반은 반대하면서, 서로 화를 내고 있다네. 교회 예배 때에도 같은 편끼리 이쪽과 저쪽으로 나누어 앉을 뿐 아니라 사사건건 부딪히고 있지. 자네가 아직 몰라 그렇지 참 문제가 많은 교회라네."

저는 말했습니다. "자네 말대로 난 그 교회에 대해서 아는 게 없지만 예수님과 성령님은 아신다네. 그런데 그 주님께서 내가 그 교회의 다음 목회자라고 말씀하셨네."

다음 주에, 저는 가족을 모두 데리고 그 교회가 있는 마을에 도착해서 어느 집사님의 집에 들어갔습니다. 그 집사님이 이렇게 말했습니다. "해긴 목사님, 사모님, 저는 두 분이 여기 계시는 내내 저희 집에 묵으시기를 원하지만, 만일 그렇게 한다면 교인들은 제가 목사님편이라고 생각할 것입니다. 그렇게 되면 그들은 목사님이 이 교회에 오는 것에 대해 반대표를 던질 것입니다. 그러니 내일 밤에는 다른 집에서 묵으시는 것이 좋을 것 같습니다." 그래서 다음날 우리는 교회 운영위원 중 한 명인 다른 교인의 집으로 갔습니다. 그러자 그도 역시 이렇게 말했습니다. "해긴 목사님, 저희 집에 묵게 되셔서 너무 기쁩니다. 그러나 목사님께서 이곳에 하룻밤 이상 묵으시면 제가 목사님편이라고 생각하는 사람들이 목사님께 반대표를 던질 것 같습니다. 내일은 다른 곳으로 가시는 것이 좋겠습니다."

우리 부부는 결국 다른 곳으로 가서 묵어야 했습니다. 어느 날 밤에 제가 아내에게 말했습니다. "만일 주님 뜻만 아니라면 한밤중에 몰래 이곳을 떠나버릴 텐데." 하지만 저는 제가 이곳에 오는 것이 주님의 뜻임을 알았기 때문에 이곳에 머물 수 있었습니다. 제가 받은 고난으로 인해 온전하게 된 것입니다.

저는 베드로전서 5장 10절 말씀을 기억했습니다.

> 모든 은혜의 하나님 곧 그리스도 안에서 너희를 부르사 자기의 영원한 영광에 들어가게 하신 이가 **잠깐 고난을 당한** 너희를 친히 온전하게 하시며 굳건하게 하시며 강하게 하시며 터를 견고하게 하시리라 벧전 5:10

사랑하는 여러분, 우리는 성령이 인도하시는 길을 알아야 합니다. 그분은 우리를 장미로 덮인 침대같이 좋은 곳으로만 인도하시지 않습니다. 우리를 반대하는 사람도 없고 핍박도 없는 순풍에 돛단배가 가는 인생길로만 우리를 인도하시지 않는다는 것입니다. 하지만 어느 곳으로 가든 우리가 견고하게 서 있기만 하면 곧 고난을 극복해 낼 것입니다.

하나님을 증거하는 또 다른 기회

제가 항상 흔들리지 않고 안정된 모습을 보이는 이유는 고난을 겪었기 때문입니다. 여러분도 고난과 시련으로부터 무엇인가를 배우기 시작한다면, 고난이 올 때 심지어 하나님을 찬양하는 사람이 될 것입니다. 다가오는 모든 고난이나 시련은 하나님을 증거하는 또 다른 기회가 될 뿐입니다.

텍사스주 동부의 그 교회에서 말씀을 전하는 동안 우리는 매일 밤마다 다른 집에서 묵어야 했습니다. 한두 번은 거실 바닥에서 자기도 했습니다.

저는 그곳에서 수요일 밤부터 말씀을 전하기 시작했습니다. 예배 중에 겪는 고난은 바로 그런 것이었습니다. 제가 침례교에서 이미 고난의 경험을 해보았던 것에 대해 하나님께 감사했습니다. 침례교도였을 때 저는 설교의 개요를 정해두고 그것으로부터 설교를 풀어가는 법을 배웠습니다. 그때에도 저는 설교의 개요를 준비해서 강단에 올라갔습니다. 그렇게 개요를 정리해두지 않았다면 저는 알고 있는 것조차도 모두 잊어버려 설교할 수 없었을 것입니다.

저는 개요에 근거해서 차례로 설교를 해나갔습니다. 그런데 제가 하는 설교가 모두 다 저에게로 되돌아와 제 뺨을 때리는 것 같았습니다. 설교를 다 끝낼 때까지도 누군가가 제

앞에 서서 제 뺨을 때리고 있는 것같이 느껴졌습니다. 몇 번의 집회가 끝난 후 아내도 저에게 이렇게 말했습니다. "여보, 누군가가 당신을 주먹으로 마구 때리고 있는 것처럼 느껴졌어요."

당신은 이런 것들로부터 오는 고난을 겪어야 합니다. 예수 그리스도께서도 고난을 통해 온전케 되셨다는 것을 다시 한 번 기억하십시오. "온전케 되다"라는 말의 헬라어에는 "성숙하게 되다"라는 의미가 있습니다. 그리스도께서는 온전하게 되고 성숙하게 되신 것입니다.

우리가 이런 고난을 좋아하지 않더라도 이런 것이 우리를 성숙하게 만듭니다. 우리는 성령이 인도하시는 길을 알 필요가 있습니다. 성령님은 우리를 그런 곳으로 이끕니다. 예수님도 성령에 이끌려서 광야로 들어가 마귀의 시험을 받으셨습니다.

그 곳 동부 텍사스에서 처음엔 수요일 밤 하루만 설교를 하면 된다고 생각했었는데 그 교회 교인들이 주일까지 매일 밤 설교를 해주기를 원한다고 교회 운영 위원회를 통해 알려왔습니다. 그들은 말했습니다. "주일 저녁에 다음 목회자를 선출하는 투표를 할 것입니다."

저는 주님께서 "너는 그 교회에서 목회하게 될 것이다."라고 말씀하신 것을 알고 있었습니다. 그러나 저는 '주님께서 그렇게 말씀하시지 않았더라면 좋았을 텐데! 그럼 난 떠났을 거야!' 라고 생각했습니다. 저는 설교의 개요를 적은 노트를 가지고 설교하는 것을 좋아했습니다. 저는 기름부음을 느꼈습니다. 하지만, 그 교회의 예배당 문으로 들어가는 순간 누군가가 찬물을 한 통 부어대는 것같은 느낌을 받았습니다. 마침내 아내에게 이렇게 말하기도 했습니다. "모든 것을 다 그만두고 저 문밖으로 나가 집으로 돌아가야겠소." 그것이 제가 할 수 있는 전부였습니다.

주일까지 설교를 계속해서 마친 후, 그 교회의 집사회에서 어떻게 하면 좋을지를 물어왔고 제가 대답했습니다. "계획했던 대로 투표를 하십시오. 이 교회에는 그렇게 하는 전통이 있지 않습니까?" 주님께서 저를 이곳에 보내셨다는 말은 전혀 하지 않았습니다. 주님께서 저를 이런 혼란의 와중으로 인도하셨다는 것을 알리고 싶지 않았기 때문입니다.

그들은 투표를 했고 저는 두 사람을 제외한 모든 사람의 찬성으로 다음 목회자로 선출되었습니다. 그 곳 사람들은 "지금까지 목회자를 놓고 해온 투표에서 그렇게까지 의견이 일치된 경우가 없었는데 이것은 기적이에요."라고 말했습니다.

그렇게 해서 저는 그 교회에서 목회를 시작했습니다. 그 곳 교인들로부터 처음 6개월 동안 많은 고난을 겪었습니다. 아이들 앞에서는 전혀 내색을 하지 않았기 때문에 아이들은 모든 것이 다 잘 되어가고 있다고 생각했습니다. 하지만 실제로는 매주일 밤마다 침대에서 아내에게 이렇게 말했습니다. "주님의 뜻만 아니라면 트럭을 빌려 한밤중에 세간을 싣고 당장 떠나버리고 싶소. 한 사람에게도 알리지 않고 말이오. 사람들이 다음날 사택에 찾아와서 집이 비어있는 것을 발견하면 해긴 목사가 어디로 갔는지 궁금해 하겠지. 세간이 같이 없어졌으니 휴거한 것이 아닌 줄은 알겠지."

자연적인 관점에서, 저는 그렇게 해야 했습니다. 그러나 저는 그 곳에 머물면서 고난을 받았습니다.

하지만 주님이 그 곳으로 인도하셨기 때문에 그 고난을 통해 저는 많은 귀한 교훈을 얻을 수 있었고, 수년간 그것은 저에게 큰 도움이 되었습니다. 그곳에서 얻게 된 교훈은 제가 그후로 믿음에 대해서 잘 모르는 사람들에게 믿음을 가르칠 때 큰 도움이 되었습니다. 사실 믿음에 대한 가르침은 지금까지도 매우 생소하게 받아들이는 것이 많습니다. 그래서 지금도 도움을 얻고 있습니다.

하나님은 우리가 넉넉한 삶을 살기 원하신다고 가르칠 때, 저는 구두가 한 켤레밖에 없었고, 그마저도 밑창에 구멍이 나 있었습니다. 제 바지 주머니에는 10센트밖에 없었고, 다른 쪽 주머니에는 구멍이 나 있었습니다. 제가 몰고 다니는 자동차의 타이어는 다 닳았고 비상 타이어도 없었습니다. 마침내 그 자동차는 완전히 망가져서 폐차를 시켰고 걸어서 돌아다녀야 했습니다. 하지만 그래도 계속 번영에 대해 가르쳤습니다.

사람들은 은혜 안에서 자라가는 그런 길을 선택하려고 하지 않습니다. 그러나 하나님은 사물을 우리가 보는 것과 다르게 보십니다.

시련과 시험이 다가올 때 사람들은 이렇게 말합니다. "왜 나에게 이런 일이 일어났는지 모르겠어. 주님도 아시지만, 난 정말 최선을 다해왔는데 말이야." 하지만 누구라도 성경을 아는 분이라면 그들이 시련과 시험을 당할 때에 이렇게 외칠 것입니다. "하나님께 영광드립니다! 할렐루야! 내가 믿음으로 살 수 있는 또 한 번의 기회가 왔다. 이것은 하나님을 증거할 또 다른 기회이며, 성경이 사실임을 입증할 기회이다."

위대한 믿음은 큰 시험을 통해서 옵니다

스미스 위글스워스는 "위대한 믿음은 큰 시험을 통해서 온다."고 말했습니다. "믿음은 들음에서 나며 들음은 그리스도의 말씀으로 말미암았느니라"(롬 10:17)라는 말씀을 우리 모두 읽었습니다. 우리는 하나님의 말씀이 약속하는 것을 믿을 수 있습니다. 그런데 하나님의 말씀을 섭취한다고 해서 그것만으로 위대한 믿음이 생기는 것이 아닙니다. 또 테이프를 듣는 다고 해서 그것만으로 위대한 믿음이 생기는 것이 아닙니다. 물론 이렇게 하면 위대한 믿음의 가능성은 생길 것입니다만, 참으로 위대한 믿음은 우리가 읽고 들은 것을 실천에 옮길 때 비로소 생기는 것입니다.

믿음은 힘과 같습니다. 믿음의 근육을 키우려면 우리가 가진 믿음을 무엇인가에 사용해야 합니다. 책을 읽는 것만으로 근육을 키울 수 있을까요? 아닙니다! 읽은 대로 실천해서 역기를 들고 힘을 써야 우람한 근육이 생기기 시작하는 것입니다. 믿음에 대한 저의 책을 모두 읽었지만 믿음의 근육은 전혀 없는 분들이 있습니다. 그들이 가진 모든 믿음을 폭발시킨다고 해도 그들에겐 코를 풀 힘조차도 나오지 않을 것입니다! **시험을 통하여 믿음의 힘을 사용해야 하는 것입니다!**

그러므로 우리가 조금이라도 성장하기만 하면 그런 시험에 대해 하나님께 감사하게 되는 것입니다. 참으로 위대한 믿음은 큰 시험을 통해서 옵니다. 위글스워스는 또 이런 말을 했습니다. "위대한 승리는 위대한 전투에서 나온다." 물론 예수님은 마귀와의 모든 싸움에서 승리하셨지요. 우리를 대신해서 주님이 그렇게 하셨습니다. 그러나 사랑하는 여러분, 우리에게는 아직 해야 할 싸움이 남아있습니다. 전투를 치르지 않고 위대한 승리만을 취할 수는 없는 것입니다. 어떤 권투

선수도 누군가와 시합을 하지 않고, 즉 위대한 전투에 참가하지 않고 챔피언 타이틀을 가져갈 수는 없습니다.

위대한 전투를 치러야 위대한 승리가 있다는 것을 배운다면, 시련의 한가운데서도 주님을 찬양할 수 있을 것입니다. 시험의 한가운데서도 우리는 그 결과를 알고 있습니다. 즉 이미 우리는 승리로 나아가고 있다는 것을 압니다. 승리하는 믿음은 우리에게 속한 것입니다. 그것은 우리의 것입니다.

종종 성령께서는 우리가 좋아하지 않는 길로 우리를 인도하시기 때문에 우리는 성령이 인도하는 길을 알아야 합니다. 12년간 목회를 하는 동안 저는 단지 목사의 직분을 수행한 것이 아니라 목사로서 성도들을 잘 돌보기를 정말로 원했습니다.

다른 문제가 많던 교회

저는 침례교 목사임에도 성령세례를 받았기 때문에 곧 침례교도들로부터 따돌림을 당했고, 결국 순복음 교단의 교회로 가야했습니다. 어느 순복음교회에서 집회를 하고 있을 때였는데, 주님께서 그 교회를 어떻게 돌봐야할지 가르쳐주시기 시작했습니다. 그 교회는 제가 나중에 목회를 했던 교회만큼

이나 큰 문제가 있었던 교회였습니다. 저는 성령의 인도하심을 받아 관심을 갖고 그 교회를 살펴보기 시작했습니다.

그 교회의 목사님이 저에게 편지를 보냈습니다. "해긴 목사님, 저는 이 교회를 떠나려고 합니다. 교회 운영 위원회에서는 저에게 목사님께 편지를 보내어 이 교회를 도와주실 수 있는지 알아봐달라고 부탁했습니다. 목사님께서 이 교회에서 한 달 정도 설교를 하신 후에 이 교회를 맡아주실 의향이 있으시면 이 교회에서 투표로 결정하겠다고 합니다."

저는 그렇게 하겠다고 답장을 보냈습니다. 그러나 그들에게 예수님께서 저에게 하신 말은 전하지 않고 그저 교회를 맡을 의향이 있다고 했습니다.

교회는 투표를 해서 만장일치로 저를 초청했습니다. 그 교회는 믿기 어려울 정도로 엉망이었고 제가 겪은 고난도 그만큼 컸습니다. 고통스러웠지만 주님은 저를 광야로 인도하셔서 마귀에게 시험을 받도록 하셨습니다.

그때 제 나이는 불과 22세였습니다. 그 교회는 23년 전에 설립되었지만, 제 나이보다도 더욱 길었던 그 긴 시간 동안에 성령세례를 받은 성도는 몇 명 안 되었습니다. 23년 동안 그 교회는 목사에게 사례비를 준 적이 없었습니다. 목사님들은 생활을 위해 다른 직업을 가져야 했습니다. 제가 사례비를 받은 최초의 목사였습니다. 이 교회가 이렇게 문제가 많은 교회였는지를 나중에서야 알게 되었습니다. 아무도 이 교회의 목사직을 맡으려 하지 않았습니다. 하지만 성령께서는 저를 인도하셔서 이 교회를 담당하게 하셨습니다.

솔직히 말씀드려서 그 순복음 교단 교회에서 목회를 한 경험은 지금의 제 사역이 성공하는데 가장 큰 기여를 했다고 말할 수 있습니다. 고난을 통해 온전하게 된 것이지요.

제가 이 교회에서 부흥회를 하기 위해 복음전도자를 초청하려고 했을 때 아무도 오려고 하지 않았습니다. 단 한 명의 복음전도자도 구할 수 없었습니다. 의아하게 생각했었는데, 마침내 제 친구가 이유를 알려주었습니다. "해긴 목사, 하나님께서 자네의 열정을 축복하시길 원하네. 자네가 모르고 있는 것을 알려주지. 내가 이 교회에서 3주 동안 부흥회를 했었는데, 그들이 내게 준 사례비는 10센트였네." 단 10센트! 복음전도자들에게 그 소문이 퍼져서 그들은 서로 이렇게 말했던 것입니다. "그곳에 가지 마시오. 한 푼도 얻지 못하고 무일푼이 되어 돌아오게 될 것이오!"

결국, 제가 복음전도자들에게 얼마간의 사례비를 보장하겠다고 말해야 했습니다. 만일의 경우 저의 사비로 사례비를 드리려는 생각에서 그렇게 말한 것은 아니었습니다.

마침내 몇 명의 복음전도자가 왔습니다. (당신은 그분들을 비난할 수 없습니다.) 그 교회는 점차 성장했고 하나님이 그 교회를 축복하셨습니다. 제가 떠날 때는 40명 이상의 목회자가 이 교회의 후임목사로 지원하기도 했습니다. 그들은 교회가 어려울 때는 그렇게 하지 않았지만, 교회가 정상이 되자 지원을 한 것입니다.

고난을 확대해 보지 마십시오

제가 어느 순복음교회에서 집회를 열고 있었을 때 그 교회 목사님이 저에게 좀 더 머물러서 집회가 끝난 뒤에 열리는 선교사 집회에 참석해달라고 초청했습니다.

그 선교사는 집회 기간 동안 외국의 어느 나라에서 선교를 한 경험을 이야기했는데, 첫 선교를 시작한 후로 7년 동안 단지 2명이 구원을 받도록 도와주었을 뿐이었다고 했습니다. 낙담이 되어서 집으로 돌아왔는데, 다시 돌아가라는 주님의 말씀을 따라 그가 돌아갔을 때는 1년만에 24만 명을 구원했고, 7만 명에게 성령세례를 주었으며, 50개의 교회를 시작하게 되었다고 이야기해 주었습니다. 참으로 대단하지 않습니까?

이 선교사의 선교 보고는 아주 훌륭했습니다. 선교 보고 후 선교 활동을 하는 사진을 보여주었고, 집회가 끝난 후엔 일반성도들과 질의응답의 시간을 가졌습니다. 어느 목회자의 아내가 이런 질문을 했습니다. "선교사님, 선교사님의 선교 보고는 좋은 것만 있군요. 다른 선교사들은 핍박에 대해서 많이 이야기하시던데요. 선교사님은 핍박을 받지 않으셨나요? 다른 분들은 감옥에 갇히기도 했다던데 선교사님은 그런 경험이 없으셨나요?"

그 선교사님은 저를 한 번 쳐다보더니 웃으며 이렇게 대답했습니다. "저는 해긴 목사님을 좋아합니다. 물론 우리도 그런 어려움이 있었지만, 우리는 그런 경험을 확대해 보여드리고 싶지는 않군요. 우리는 좋은 면만 말씀드리고 싶습니다."

그렇게 하는 것이 믿음의 가르침이라고 생각합니다. 우리는 좋은 것만을 말했습니다. 그러나 어려움도 당연히 있었습니다.

그 선교사가 이어서 말했습니다. "제가 설교할 때 썩은 계란을 얼굴에 맞기도 했고, 썩은 토마토를 맞기도 했습니다. 체포되기도 했고 감옥에 넣겠다는 위협을 받기도 했습니다."

그가 계속 말했습니다. "그 나라의 선교 책임자로 일하는 현지인 사역자가 있었지요. 그 친구나 저나 모두 그리스도인이었으므로 내기 같은 것은 하지 않지만, 장난으로 농담을 주고받곤 했습니다. 가방을 싸면서 서로에게 이렇게 농담을 주고받았지요. '여보게, 우리 내기할까? 복음을 전한 죄로 내가 자네보다 먼저 감옥에 갇힐 걸세.'"

시도 비울도 감옥에 갇혔었습니다. 바울이 갇혀서 불평불만을 했었더라면 감옥에서 빠져나오지 못했을지도 모릅니다. 그러나 바울은 믿음의 사람이었으므로, 불평하는 대신 실라와 함께 한밤중에 주님을 찬양했고 밖으로 나올 수 있었습니다(행 16:25-26 참조).

우리는 두 가지를 모두 가르쳐야 합니다. 시험과 환란은 우리에게 당연히 다가옵니다. 그러나 반드시 기억해야 할 것은 예수 그리스도 안에 있는 자는 승리할 수 있다는 것입니다. 또한 이것도 기억하는 것이 좋을 것입니다. 우리가 당하는 가장 어려운 고난이나 시련은 우리로 하여금 하나님 안에서 더 깊은 곳으로 인도하는 하나님의 방법이라는 것입니다.

나중에 알고 보니, 저는 첫 목회를 문제 있는 교회에서 시작했을 뿐 아니라, 이후로 제가 목회를 했던 모든 교회가 다 문제 있는 교회였습니다. 어느 날 주님께 여쭈었습니다. "주님, 왜 저를 항상 문제있는 교회로만 인도하시나요?" 주님께서는 아무런 대답도 하지 않으셨습니다. 하지만 주님께서는 제가 그 일을 감당할 수 있으리란 것을 알고 계셨다고 생각합니다. 그리고 주님은 그런 교회를 목회하는 경험을 해볼 필요가 있다는 것을 알고 계셨습니다.

만일 제가 그런 교회에서의 목회를 경험하지 않았더라면 현재의 제 사역은 지금 같지 않았을 것입니다. 특히 마지막으로 목회를 했던 교회에서의 목회 경험이 없었더라면 제가 하는 사역은 지금 같지 않았을 것입니다. 마지막 교회에서 제 65년간의 사역 기간 중 가장 어려운 시험을 겪었습니다. 이 모든 일은 성령에 이끌려서 시험을 받은 것입니다. 주님은 저에게 큰 시험이 다가오고 있다는 것을 알고 계셨습니다. 그런 시험은 하나님께서 저를 가르치시는 방법이었습니다.

우리에게 성경이 있다는 것은 정말 감사한 일입니다만, 성경을 읽는 것만으로는 우리에게 필요한 그런 경험을 얻을 수 없습니다. 성경을 실천할 때, 그것은 당신에게 실재가 됩니다.

우리들은 자리에 앉아 하루 종일 이렇게 외칠 수 있습니다. "내 주님이 나의 모든 필요를 채우십니다." 그러나 우리가 고백하는 그것을 마음으로 믿고, 이 세상에서 우리가 해야 할 일을 시작하지 않으면, 우리는 그렇게 큰소리로 고백하면서 굶어죽을 수도 있습니다. 바울은 빌립보 교인들에게 그런 내용을 썼습니다. 그들은 주는 자였습니다. 그들은 바울에게 줌으로써, 바울로부터 들은 내용을 이미 행하고 있었습니다(빌 4:15-19을 보십시오).

저는 하루 종일 큰소리로 "주님이 내 연약함을 담당하셨고 내 질병을 대신 지셨습니다."라고 입으로 고백하면서도 실제로는 아무것도 믿지 않던 사람을 보았습니다. 그는 "주께서 우리 연약한 것을 친히 담당하시고 병을 짊어지셨도다"(마 8:17)

라는 말씀에 머리로만 동의한 것입니다. 물론 말씀대로 주님께서 우리를 위해 그렇게 하신 것에 감사드립니다. 그러나 우리가 말씀을 실천하고 그 결과들로 인해 기뻐하며 즐거워할 때, 비로소 우리는 그 말씀이 무엇을 의미하는지 알게 됩니다.

하나님의 부르심에 의한 고난

어떤 사람들은 아주 넉넉한 삶을 삽니다. 하지만 저는 언제나 넉넉함 속에만 사는 사람들을 가엾게 생각합니다. 순회사역을 시작하는 것은 정말이지 쉽지 않습니다.

그때 마지막으로 담임했던 교회에서 목회를 했던 10년 동안 저희 집은 이 땅의 천국과 같았습니다. 그런데 이제 90%의 시간을 혼자 보내야 하는 순회사역을 막 시작하려고 하는 것입니다. 그것은 고난이었습니다!

목회사역을 그만두고 순회사역을 시작했을 때 아내는 2명의 아이를 양육해야 했습니다. 그녀는 참으로 칭찬 받을 만합니다. 아이를 잘 양육한 것에 대해 사람들이 저를 칭찬하지만, 사실은 그녀가 다 키운 것입니다. 아이들에게 올바른 가르침을 준 것도 그녀였습니다.

순회사역을 시작했을 때 큰아들 켄은 3학년이었고, 둘째

팻은 2학년이었습니다. 아이들이 학교를 다니는 동안 저는 그들과 함께 지내지 못했고, 아이들이 십대가 되었을 때에도 그들과 별로 많은 시간을 보내지 못했습니다. 저는 항상 가족들과 함께 하는 것을 꿈꿔왔습니다. 큰아들 켄이 태어났을 때 아내에게 "언제쯤이면 이 녀석을 데리고 함께 다닐 수 있을까?"라고 말하기도 했습니다.

혼자 집을 떠나서 돌아다니며 사방이 벽으로 둘러싸인 호텔에 갇혀서 지내야 하는 것은 괴로운 일이었습니다. 하지만 주님은 제게 "계속하라!"라고만 말씀하실 뿐이었습니다.

큰아들 켄이 12살이 되었을 때 종종 그를 데리고 다니기도 했습니다. 오클라호마에서 집회를 마치고 텍사스의 집으로 함께 돌아왔던 날이 생각납니다. 집에 돌아와 잠을 자려고 침대 옆에서 기도를 하는데 켄이 갑자기 울기 시작했습니다. "아빠는 왜 다른 아빠들처럼 집에 있지 않고 언제나 집을 떠나있는 거예요?" 정말 괴로웠습니다!

되도록 집을 떠나지 않으려고 애를 썼습니다. 7개월 동안이나 집을 떠나 생활했던 어느 날, 마침내 저는 이렇게 말했습니다. "너무 어렵고 힘들어. 내가 치러야 할 대가가 너무 커. 이제 다시 목회사역으로 돌아가야겠어. 그리고 가족들과 함께 지내야지."

저는 계획된 집회를 취소했습니다. 집회를 취소해버렸습

니다! 1949년 7월 10일 주일에 텍사스 동부의 어느 교회에서 설교하려고 준비하고 있었습니다. 그 교회는 그 지역에서 가장 훌륭한 교회 중 하나였습니다. 저는 제가 마음먹은 대로 사역을 할 수 있을 것이라고 생각했습니다.

아내와 저는 남자성도들을 위한 성경공부 모임을 위해 그날 그 교회에 갔습니다. 그런데 의자에 앉는 순간, 갑자기 심장이 멈췄고 마룻바닥으로 굴러 떨어졌습니다. 저는 그 교회 목사님의 발 바로 앞으로 넘어졌습니다.

목사님이 저를 일으켜 세웠고 심장이 다시 뛰기 시작했습니다. 심장이 뛴다고 말할 수도 없었습니다. 마치 젤라틴이 가득한 그릇이 흔들리는 것 같았습니다.

몇몇 사람이 저를 교회 옆의 사택으로 옮겼습니다. 제가 이렇게 말했습니다. "제 심장이 뛰는지 손을 대보시겠어요?" 그들은 심장에 손을 대보고는 울음을 터뜨렸습니다. 다른 목사님 두 분이 더 오셨는데 그들은 나중에 그때 제가 죽은 줄 알았다고 말했습니다. 제 몸은 차갑게 식어갔고 얼굴은 백지장처럼 하얗게 변했습니다. 죽음이 제 눈썹까지 가득 차올랐습니다.

몇 분이 주일학교 교육관 건물로 뛰어가서 아내에게 손짓을 했습니다. 이미 자리에서 일어나 있던 아내는 자신을 찾으러 온 사람들에게 이렇게 말했습니다. "주님이 저에게 벌써 알려주셨어요. 제 남편에게 무슨 일이 일어났다고요."

그녀는 바로 달려와서 제 침대 옆에 무릎을 꿇었습니다.

아내는 이렇게 말했습니다. "제 잘못입니다. 그동안 당신이 집을 떠나 사역하는 것에 대해 언제나 하나님을 원망했었어요. 제가 설거지를 할 때 어떤 목소리를 들었어요. '네 남편을 다시는 돌아오지 못하는 곳으로 데려갈 수도 있다.' 그 목소리를 듣고 누가 말했는지 알아보려고 온 집안을 다 살폈지요. 침대 밑이나 화장실 문 뒤 모든 곳을 살펴봤지만 아무도 없었어요. 문을 살펴보았더니 잠겨있었고요. 그래서 저는 그것이 환청이라고 생각했어요."

그녀는 제가 누운 침대 옆에 무릎을 꿇고 이렇게 기도했습니다. "주님, 그 목소리는 당신의 목소리였습니다. 다시는 불평하지 않겠습니다. 그가 아무리 오랫동안 집을 떠나있더라도 상관하지 않겠습니다." 그래서 저도 헌신의 기도를 드렸습니다. "주님, 주님이 명하신 것을 하겠습니다."

바로 그때 하나님의 능력이 제게 임했습니다. 그리고 즉시 치유를 받았습니다. 누워있던 침대에서 벌떡 일어나서 온 집안을 돌아다니며 춤을 추었습니다.

제가 모든 집회를 취소했었다고 이야기한 것을 기억하시지요? 제게 인도할 집회는 없었고 반면에 부양해야 할 아내와 두 자녀 그리고 지불해야 할 집세와 각종 공과금이 남아있었습니다.

당신은 이렇게 물을 수도 있겠지요. "그러면 돈을 벌기 위해 무슨 일이든 하셨나요?" 예, 저도 처음엔 그렇게 했습니다. 그러나 저는 주님의 부르심을 잊지 않으려고 했습니다. 저는 부르심을 따라 사역을 해야 했고 믿음으로 살아야 했습니다. 그래서 제가 가르칠 수 있는 집회는 어떤 집회든지 가리지 않고 다시 인도하기 시작했습니다. 그리고 참으로 기적 같은 일이 일어나는 것을 경험했습니다.

이런 특권을 체험하지 못하는 사람들을 나는 딱하게 생각합니다. 어떤 사람들은 캐딜락을 굴리며 큰 집에서 삽니다. 그리고 스스로는 믿음으로 산다고 생각합니다. 그러나 제가 우주인이 아닌 것이 명확한 것처럼 그런 삶도 믿음으로 사는 삶이 아닌 것이 명확합니다. 그들은 티본스테이크를 먹고 고급 음료를 마시며 믿음의 삶에 대해서 단지 이야기를 하는 것뿐입니다.

그들도 참된 믿음의 삶을 살게 되기를 기도합니다. 오해하지는 마십시오. 다만 우리는 하나님께 순종함으로 최상의 삶을 살았습니다. 그때가 우리의 인생에서 가장 달콤한 시간들이었습니다. 뿐만 아니라 영적으로 성장하는 시간이기도 했습니다.

우리는 그저 한 주간의 수입을 가지고 한 주간을 살았습니다. 다음 주에 먹을 양식이 어디서 생길지 알지 못했습니다.

그러나 우리는 확신이 가득한 믿음의 삶을 살았으므로 부족함 없이 채움을 받았습니다.

여러분, 성령께서 인도하시는 길을 배우십시오. 제가 순회사역을 시작하고 7개월 동안 받은 마귀의 시험은 그전 15년 동안 받았던 시험보다 많았습니다. 만일 마귀가 순회사역을 하지 못하도록 하는 일에 성공했더라면, 그녀석은 지금 제가 누리는 이 기쁨의 삶에서도 저를 밀어낼 수 있었을 것입니다. 자칫 단념할 뻔도 했지만 고난을 통해 배웠던 것입니다.

우리 삶의 이런 면에 대해 너무 많이 이야기하면 싫어하시겠지요. 하지만 주님께서 무엇을 하라고 하시면 말씀하신 그것을 꼭 잡고 머물러 있어야 합니다. 시험과 고난을 피하지 말고 걸어가면 온전하게 될 것입니다.

미국에 사는 우리는 사도바울이 겪었던 것같은 시험과 고난을 겪게 되지는 않을 것입니다. 그러나 아직도 다른 나라에서는 그런 고난을 겪는 형제들이 많습니다.

우리 중 어떤 분들은 해외로 부름을 받았습니다. 그런 분은 바울이 겪은 고난을 겪게 될지도 모릅니다. 또 우리가 누렸던 현대문명의 편리함을 누리지 못할지도 모릅니다. 전기도 없고 상수도도 없는 그런 불편함을 겪게 될지도 모릅니다. 저도 그런 삶의 어려움을 잘 압니다. 그렇지만 주님이 그 길로 부르셨으면, 기쁨은 그곳에 있을 것이며 주님이 복을 주실 것입니다.

제가 순회사역을 다시 떠날 때에 큰아들 켄에게 이렇게 말했습니다. "왜 아빠가 집을 떠나 있어야 하는지 말해 줄께. 엄마하고 아빠는 주님께 헌신을 했단다. 우리의 헌신에 대해 주님께서 갚아 주실 거야." 마가복음에는 주님의 약속이 있습니다.

> 예수께서 이르시되 내가 진실로 너희에게 이르노니 나와 및 복음을 위하여 집이나 형제나 자매나 어머니나 아버지나 자식이나 전토를 버린 자는 현세에 있어 집과 형제와 자매와 어머니와 자식과 전토를 백배나 받되 박해를 겸하여 받고 내세에 영생을 받지 못할 자가 없느니라 막 10:29-30

하나님께서는 우리에게 여러 가지 방법으로 보상해 주셨습니다. 오클라호마주 쿠싱이라는 도시에 있는 어느 순복음교회에서 말씀을 가르치고 있었던 때에, 한밤중에 갑자기 잠자리에서 벌떡 일어나 앉게 되었습니다. 타이완에서 군복무를 하고 있던 큰아들 켄의 목숨이 위험하다는 것을 알았습니다. 그때 켄은 오토바이를 타고 가고 있었는데, 그 아이가 타던 오토바이의 앞바퀴가 산 위에서 빠져나가 버렸습니다. 산 아래까지 수천피트가 되는 높은 곳이었는데 만일 켄이 낭떠러지 아래로 떨어졌다면 그는 죽었을 것입니다.

제가 침대에서 일어났을 때 주님이 제게 이렇게 말씀하셨습니다. "네가 나에게 순종했었지. 그렇지 않았더라면 네 아들은 타이완에서 집으로 돌아오지 못했을 것이다. 그러나 네가 순종했으므로 그는 건강하게 돌아올 것이다."

하나님께서는 이런 방법으로 보상해주신 것입니다. 제가 순회사역을 하는 동안 여전히 괴로웠습니다. 집을 떠날 때 울면서 떠날 때가 많았습니다. 차가 집에서 멀어져 굽어진 길을 돌아나갈 때까지 울곤 했고, 어떤 때는 집회 장소에 도착할 때까지 울기도 했습니다. 저는 언제나 집에 있는 것을 좋아했습니다. 하나님께 순종하기 위해서는 치러야 할 값이 있습니다. 그러나 하나님께 감사하게도 그 고난은 그렇게 큰 것은 아닙니다. 저도 매순간마다 즉시 보상을 받게 되기를 바랐습니다만, 그것이 그렇게 쉬운 것은 아니었습니다. 어떤 사람은 지금의 제 위치에서부터 인생을 시작하고 싶어 합니다. 어떤 면에서는 가능하지만 어떤 면에서는 불가능합니다. 여하튼 우리들이 잠시 고난을 견디고 신실하게 있으면, 보상을 받게 될 것입니다.

저는 이런 가르침을 자주 가르치지는 않습니다. 저는 제가 믿음의 사람이므로, 제가 필요한 것은 믿음을 통해 얻는다고 언제나 말해왔습니다. 그런데 주님께서 저에게 이것도 가르치라고 하셨습니다. 믿음으로 우리가 원하는 것을 얻는다는 가르침도 필요하지만 이런 가르침도 필요합니다.

사실 이런 고난을 이겨내는 일에도 믿음이 필요합니다. 밤에 집회가 끝나면 저는 종종 외로움을 느낍니다. 아무도 없이 혼자뿐이었습니다. 그럴 때면 일어나서 창문을 발로 냅다 차 버리고 싶을 때도 있었습니다.

이런 것이 고난이 아니라고 생각하신다면 한 번 겪어보십시오. 제 말을 이해하게 되실 것입니다. 우리 앞에는 고난이 있습니다. 그러나 질병이나 병약해지는 고난은 없습니다. 하나님께 감사하게도 우리들에겐 그런 고난은 없습니다. 예수님이 대신 짊어지셨으니까요. 예수님이 우리의 본으로서가 아니라, 우리를 대신해서 그런 것을 짊어지셨습니다.

하나님께 신실하기 위해서는 대가가 따릅니다. 당신 자신을 하나님의 부르심으로 구별하기 위해서는 대가가 따릅니다. 하지만 현재 저의 사역의 모든 기초는 제가 하나님의 이끌림을 받아 가게 된 어려운 곳에 머물러 있을 때 얻어진 것입니다. 그곳에서 많은 것을 배웠으며, 또한 제가 성숙하게 된 시간이기도 했습니다.

성령의 방법을 배우십시오. 여러분의 삶 가운데 하나님께서 그의 방법으로 일하시도록 허락하십시오. 어려운 곳으로 가서 머무르십시오. 반드시 산 정상에서 안식하게 될 것입니다.

제 8 장

성령님과 함께하는 모험

지금까지 본 바와 같이, 믿는 자의 삶 속에는 두 가지의 성령의 역사가 있습니다. 성령께서는 거듭난 믿는 자 안에 내주하실 뿐 아니라 또한 성령세례를 통해 믿는 자 위에 임하시기도 합니다.

내주하시는 성령께서는 믿는 자의 전도와 봉사 그리고 능력을 나타냄보다는 믿는 자의 내적인 상태와 관련된 일을 더 많이 하십니다. 내주하시는 성령은 믿는 자의 내적인 상태를 거룩하게 만들어 가십니다. 반면 성령세례를 통해 임하시는 성령께서는 믿는 자의 전도와 봉사 사역과 관련이 있습니다. 이것이 능력의 세례입니다.

성령세례를 통해 부어지는 능력이 매우 중요하고 자주 언급되는 반면에 믿는 자의 거룩함에 대해서는 종종 너무 적게 가르쳐지고 있습니다. 많은 하나님의 사람들이 그들 개인의 삶에서 동행하기 원하시는 하나님의 바람을 모른 채, 능력만을 강조함으로써 불균형의 위험에 빠져 있습니다.

이 책의 앞부분에서 이미 말씀드린 대로 우리 안에서 역사하시는 성령께서는 열매를 만들어 내십니다. 그 열매는 사랑과 희락과 화평이며, 다른 열매들도 갈라디아서 5장 22, 23절에 언급되어 있습니다.

그리스도께서 제자들에게 "…그(성령)는 너희와 함께 거하심이요 또 너희 속에 계시겠음이라"(요 14:17)라고 말씀하셨을 때, 이 말씀은 제자들이 어떤 실제적인 체험을 하게 될 것을 말씀하신 것입니다. 그리고 예수님께서 승천하시기 전에 제자들에게 "…너희는 위로부터 능력으로 입혀질 때까지 이 성에 머물라"(눅 24:49)라고 하셨을 때에는 또 다른 실제적인 체험을 하게 될 것을 말씀하셨습니다.

지금까지 내주하시는 성령에 대해서 어느 정도 살펴보았습니다. 이제부터는 임하시는 성령에 대해서 알아보려고 합니다.

거듭나고 내주하시는 성령을 모시는 것은 믿는 자들이 확실히 체험할 수 있는 증거라는 것을 말씀드렸습니다. 이와 마찬가지로, 예수님을 믿고 영접하는 자들에게 성령의 부어주심이 있는 것 또한 분명한 사실입니다. 하나님께서는 오순절날 120명의 제자들에게 하신 일을 오늘날에도 믿는 자들에게 똑같이 행하십니다. 이런 성령체험은 오늘날도 여전히 가능한 것입니다.

요한복음 20장 22절을 보십시오. 예수님께서는 제자들에게 숨을 내쉬며 "…성령을 받으라"라고 말씀하셨습니다. 이제는 누가복음 24장 45절을 봅시다. "이에 그들의 마음을 열어 성경을 깨닫게 하시고"(눅 24:45). 주 예수님이 이렇게 하신 때는 부활하신 이후였지만, 아직 오순절 성령세례는 있기 전입니다.

예수님께서 제자들에게 숨을 내쉬며 성령을 받으라고 하셨을 때 제자들 사이에 무슨 일이 일어난 것은 틀림없습니다. 왜냐하면 이 사건이 있기 전까지 그들은 어찌할 바를 몰랐고 근심이 가득했던 사람들이었는데, 부활하신 예수님을 만난 뒤로 확연히 달라졌기 때문입니다. 아직 오순절 성령세례가 있기 전이었는데도, 누가는 그들이 이런 모습이었다고 말합니다. "그들이 [그에게 경배하고] 큰 기쁨으로 예루살렘에 돌아가 늘 성전에서 하나님을 찬송하니라"(눅 24:52-53).

성령의 열매 중의 하나가 기쁨인 것을 생각해 보십시오. 제자들이 이렇게 변한 것은 그들 안에 내주하신 예수의 영이신 성령 때문이었습니다.

능력의 옷을 입음

제자들을 이렇게 축복하시고 이어서 주님은 그들에게 위로부터 능력으로 입혀질 때까지 예루살렘에 머무르라고 말씀하셨습니다. 예수님이 그들에게 예루살렘에 머물라고 하신 이유를 주의 깊게 보십시오. 예수님은 그들에게 회심하기까지, 거듭나기까지, 새로운 피조물이 되기까지, 또는 새 생명을 얻기까지 머무르라고 하신 것이 아닙니다. (회심, 거듭남, 새로운 피조물이 됨, 새 생명을 얻음은 모두 거듭남의 경험을 나타내는 여러 가지 다른 말입니다.) 심지어 예수님이 그들에게 예루살렘에 머물라고 하신 이유가 성령을 받도록 하기 위한 것도 아니었습니다. 예수님께서는 이미 그들에게 숨을 내쉬며 성령을 주셨기 때문입니다. "…성령을 받으라"(요 20:22). 그리고 나서 하신 말씀이 "…너희는 위로부터 능력power으로 입혀질 때까지 이 성에 머물라"(눅 24:49)였습니다. 사도행전 1장 8절을 읽어 보십시오. "오직 성령이 너희에게 임하시면 너희가 권능power을 받고…"(행 1:8).

사도바울은 거듭났을 뿐만 아니라 성령의 능력을 받은 교회에게 편지를 썼습니다. 우리는 믿는 자이므로 거듭난 자임에 틀림없습니다. 성령께서 우리 영과 더불어 우리가 하나님의 자녀임을 증거합니다(롬 8:16). 그런데 우리가 사도바울의 편지를 읽을 때면 지금 이 시대의 우리들은 예전 초대교회가 가졌던 것을 가지고 있지 못하다는 느낌을 받습니다. 그때에 비하면 지금 우리들은 전혀 권능을 갖지 못한 것 같습니다.

저는 전에 어느 지방에서 순복음 사업가들을 위한 성경공부 모임을 가졌었습니다. 저는 하루저녁만 가르쳤지만, 집회 기간 닷새 동안 내내 성령세례에 대한 가르침이 있었습니다.

집회 기간 동안 어느 침례교 목사님이 강단 앞으로 나오셔서 성령세례를 받으셨는데, 그분이 나중에 이렇게 말했습니다. "이제 다시 목회를 시작해야겠습니다." 그분은 예전에 어느 지방에서 목회를 했었는데 겉으로는 문제가 전혀 없었다고 했습니다. 목회하던 교회는 큰 교회여서 사례비도 넉넉히 받았고, 그분은 교육도 제대로 받아서 학사학위가 있었고 침례교 신학대학원도 졸업했습니다.

그런데 이런 이야기를 했습니다. "제가 목회를 12년 동안 했는데 목회를 하면 할수록 점점 더 힘이 빠지는 것을 느꼈습니다. 저는 신학대학원에서 신학을 공부했고, 성령으로 거듭났고 이미 성령을 받았지요. 그것이 전부입니다. 그런데 사도행전이나 사도바울의 서신서를 읽을수록 이런 생각이 들더군요. '그들이 가졌던 것을 지금 나도 가진 것이 사실이라면, 그것이 그들과 달리 나에게는 역사하지 않고 있는 것이 틀림없어.'" 합리적이며 지각이 있는 사람이라면 성경에서 말하는 것이 자기가 경험한 것과는 다른 것임을 알게 될 텐데, 그는 바로 그런 사람이었습니다.

그 목사님은 이렇게 덧붙였습니다. "성도님들이 저를 찾아와 도움을 청했는데, 저는 그분들을 도울 수 없음을 느꼈습니다. 솔직히 말하면 저에게 능력이 없었습니다. 물론 저는 구원은 받았어요. 그러나 사역은 더 계속할 수 없다는 결심을 하게 되었어요."

그 목사님 부부에게는 십대초반인 두 명의 아이들이 있었습니다. 한 달 동안 이 문제로 고민하다가 이 목사님은 가족들에게 자신의 생각을 말했습니다. 하나님의 살아계심을 알았으므로 하나님을 떠날 수는 없지만, 사역을 하면서 너무 지쳐버렸기 때문에 비록 신학을 공부했더라도 앞으로 사업을 시작하려고 한다고 말했습니다. 실제로 이 목사님은 이미 어느 사업가로부터 동업을 하자는 제의를 받은 상태였습니다.

그후 사업을 시작했고 사업을 곧잘 해서 재정적으로 넉넉하게 되었습니다. 그런데 복음사업가 성경공부 모임에 참가해서 성령세례에 대해 들었고 관심을 가지게 된 것입니다. 이분이 이렇게 말했습니다. "아하, 내가 이것을 모르고 그동안 성령세례 운동에 대해서 반대하는 말만 해왔구나. 주님, 제가 영적으로 너무 갈급합니다. 방언을 받지 못한 것이 문제라면 저는 그것도 받을 준비가 되어있습니다." 이 목사님은 제가 가르치는 동안 강단 앞으로 나와 영광스러운 성령세례를 받았고 방언을 말했습니다. 그리고 그분은 이렇게 말했습니다. "주님을 찬양합니다. 사역을 다시 시작하고 싶어 못 견디겠습니다." 이 분은 이제 사역을 다시 시작할 준비가 된 것이지요.

사도들을 포함해서 예수님의 제자들은 부르심을 받았고, 하나님의 기름부음을 받았습니다. 그렇지만 예수님은 그런 제자들에게 이렇게 말씀하셨습니다. "위로부터 능력으로 입혀질 때까지 이 성에 머물라."

저는 남침례교도로 거듭났고 성장했습니다. 언젠가 베일러 신학교 교수의 강의를 들은 적이 있습니다. 백발의 나이든 신사였던 그분은 신학교 졸업생들을 상대로 종종 강의를 하셨습니다. "구원을 받은 사람은 곧이어 성령세례라고 불리는 체험을 하게 되는데 그것은 위로부터 능력을 받는 체험입니다. 이런 체험 없이 나가서 사람들에게 전도하지 마십시오." 그분은 이렇게 말씀하셨는데, 만일 조금만 더 호기심을 가지고 하나님께 궁금한 것을 여쭈어 보았더라면 참으로 대단한 것을 알게 되셨을 것입니다. 그분은 단지 예수님이 제자들에게 가르치셨던 훈계를 따랐을 뿐입니다.

하나뿐이며 유일한 방법

몇 가지를 다시 한 번 강조해서 되풀이하려고 합니다. 성령의 사역과 관련한 두 종류의 아홉 가지, 즉 아홉 가지 성령의 열매와 아홉 가지 성령의 은사는 꽤 중요합니다. 앞에서 짤막하게 말씀을 드렸는데, 그 중 사랑에 대해서는 좀 더 깊이 보았습니다. 갈라디아서 5장 22절과 23절에서 성령의 아홉 가지 열매를 보았습니다. 이것은 내주하시는 성령으로 말미암아 맺게 되는 인격적인 열매를 가리킵니다. 예수님이 말씀하셨습니다. "나는 포도나무요 너희는 가지라…"(요 15:5) 나무가 살아있다면 가지에서 열매가 자라나지요, 그렇지 않습니까? 우리 안에 성령이 계시므로 우리에게 성령의 아홉 가지 열매가 맺히는 것입니다.

이제 고린도전서 12장 7-11절을 봅시다. 성령의 나타남은 모든 사람에게 동일하게 나타납니다. 고린도전서 12장에도 성령으로 인해 나타나는 아홉 가지가 기록되어 있습니다. 흔히 이것을 성령의 은사 또는 나타남이라고 말하는데, 이것은 유익을 위해 주어진 것입니다(고전 12:7). 즉 성령의 은사는 믿는 자로 하여금 다른 사람들을 축복하도록 주어진 것입니다. 이제 지금까지 배운 것을 근거로 이런 결론을 내릴 수 있을 것입니다. 거듭남을 통해 믿는 자 안에 내주하시는 성령께서는 성령의 열매 사역을 담당하시고, 성령세례를 통해 부어진 성령께서는 봉사 사역을 담당하십니다.

그러므로 사도행전 2장 1-4절에 언급된 성령세례는 성령의 완전한 아홉 가지 은사를 받는 유일한 방법입니다.

내주하시는 성령께서는 오늘날에도 인도하십니다

거듭난 뒤에 아직 성령세례를 받기 전이었지만, 저는 성령의 인도를 받곤 했습니다. 로마서 8장 14절을 보십시오. "무릇 하나님의 영으로 인도함을 받는 그들은 곧 하나님의 아들이라"(롬 8:14).

제 안에 계신 성령께서 저에게 말씀하셨고, 때로는 보여주셨으며, 또 인도해주셨습니다. 어떤 사건에 대해 알 수 있었고, 그래서 그 일이 실제로 일어나기 전에 미리 기도할 수 있었습니다. 물론 '내주하시는 성령'을 통한 이런 인도하심은, 성령세례를 받은 이후 '임하시는 성령'의 역사로 나타난 지식의 말씀 같은 초자연적인 인도하심에 비하면 아주 작은 것에 불과합니다.

많은 분들이 잘못 생각하는 것은 바로 이런 것들입니다. 우리 영이 거듭나서 우리 안에 내주하시는 하나님, 즉 성령과 교제를 하게 되면, 우리 영은 거의 자동적으로 많은 것들을 알아차리게 되는데 많은 분들이 이 점을 이해하지 못합니다. 그들은 거듭나자마자 성령세례에만 관심을 갖습니다. 자신의 영이 무엇을 알아차리기 시작하면 그들은 자기가 (성령세례를 통한) 지식의 말씀을 받았기 때문에 그런 것이라고 생각해 버립니다. 그러나 그렇지 않습니다. 성령세례를 통한 지식의 말씀의 은사 같은 초자연적인 역사가 없어도 우리의 영이 어떤 것을 알아차릴 수 있게 됩니다.

제가 예를 들어보겠습니다. 저는 1933년 4월 22일에 거듭났습니다. 그러나 건강해지기까지 그 뒤로도 16개월을 병든 채로 누워있었습니다. 열여섯 살이었던 1933년 8월 초순경에 두 살 위인 더브 형이 집을 나갔습니다.

그 당시는 대공황 시절이었으므로 일자리를 얻기가 매우 어려웠습니다. 더브 형은 가족들 중 몇 사람에게 자신이 일자리를 알아보러 리오그란데 계곡에까지 내려갈 계획이라고 말했습니다. 그 당시 젊은 아이들은 지나가는 기차를 올라타고 돌아다니며 일자리를 찾곤 했는데, 기차는 이런 젊은이들로 늘 만원이었습니다. 사람들은 이런 젊은이들을 유랑노동자 hoboes라고 불렀습니다.

형이 집을 나간 후 어느 날, 제 영은 형이 위험하게 된 것을 알아차렸습니다. 하지만 어머니께는 말씀드리지 않았는데,

제 병수발로 고통을 겪으시는 어머니께 걱정을 더해드리고 싶지 않았습니다. 어머니는 아이를 돌보는 것처럼 저를 돌보시곤 했습니다.

제 영이 위험을 알아차린지 3일 만에 어머니가 저에게 이렇게 말했습니다. "얘야, 몸이 불편한 너에게 이런 이야기를 하고 싶진 않다만, 네 형 더브가 걱정이 많이 되는구나. 뭔지는 잘 모르겠지만, 왠지 더브에게 무슨 안 좋은 일이 일어난 것 같구나." 어머니의 영이 저처럼 제 형 더브가 위험에 빠진 것을 알아차린 것입니다. 어머니는 형 더브가 체포되어 감옥에 갇혔을 수도 있다는 생각이 든다고 말했습니다.

"아니에요, 엄마. 형은 감옥에 갇힌 것이 아니에요. 저는 알고 있었어요. 이미 3일 전에 알고 있었는데, 엄마를 걱정시켜 드리고 싶지 않아서 말하지 않았어요. 형은 감옥에 갇힌 것이 아니에요. 다만 형은 죽을 뻔했었지요. 제가 3일 동안 기도했는데 이제 그 일에 대해 평안함이 있어요. 형은 괜찮아요. 마음 놓으세요."

저는 내적 증거, 즉 내적 직감을 통해 그 사건에 대한 정보를 얻은 것입니다. 로마서 8장 14절을 앞에서 보았습니다만, 16절에는 이런 말씀이 기록되어 있습니다. "성령이 친히 우리 영과 더불어 우리가 하나님의 자녀인 것을 증언하시나니" (롬 8:16).

그 '증언'은 거듭남으로 인해 생기는 것입니다. 말씀에서 보는 것처럼 거듭난 자의 영과 더불어 하나님의 자녀임을 증거하는 바로 그 영이 다른 것들도 증언하는 것입니다.

저는 바로 그 내적 직감, 즉 내적 증거를 받아 형이 위험한 상황에 빠진 것을 알았던 것입니다. 그래서 저는 기도했고, 그가 위험에서 벗어나게 된 것을 알게 되었습니다. 저는 어머니께 이렇게 말했습니다. "엄마, 제가 기도응답을 받았어요. 제 영이 평안해요."

"정말이니? 애야, 정말이야?" 어머니나 저나 그 당시는 영적으로 어린아이에 불과했습니다.

저는 어머니에게 이렇게 말씀드렸습니다. "엄마 지금까지 느껴보지 못한 그런 평안함을 느껴요. 형은 괜찮아요. 그러니 안심하세요."

어머니는 한숨을 내쉬며 말했습니다. "그렇게 말해주니 다행이구나!"

어머니와 제가 이런 대화를 한지 24시간이 좀 더 지나서 더브 형이 집으로 돌아왔습니다. 그는 리오그란데 계곡에서 집으로 돌아오는 길에 화물열차에 올라탔는데, 화물열차가 코르시카나와 댈러스 사이에 이르렀을 때 그 열차의 승무원에게 적발되어 곤봉으로 머리를 맞고 열차 밖으로 내던져졌습니다.

1933년경에는 기차가 석탄을 사용해서 움직였으므로 기차 길 주변엔 석탄을 태우고 남은 재덩어리가 널려있었는데 더브 형이 마지막으로 기억하는 것은 그가 던져져서 거친 석탄잿더 미에 떨어졌다는 것입니다. 그의 셔츠는 다 찢겨졌고, 바지의 엉덩이 부분이 떨어져 나갔습니다. 그는 등이 거의 부러질 뻔 했고, 엉덩이와 등의 살갗에는 화상을 입었습니다.

　열차에서 떨어진 후 몇 시간이 흐른 뒤에 의식이 돌아왔는 데 온 몸에 통증이 있는 채로 길옆 도랑에 누운 자신을 발견 했습니다. 저와 어머니가 영으로 형의 일을 미리 알고 기도하 지 않았더라면 그는 죽고 말았을 것입니다.

　더브 형은 그 사고 직후 윗옷은 벗은 채였고, 바지의 엉덩 이 부분이 떨어져 나갔습니다. 속옷도 입지 못한 채였으므로 맨 엉덩이가 밖으로 드러난 상태였습니다. 그 당시에는 그런 옷차림으로 돌아다닐 수 없었고, 그랬다면 음란죄로 체포될 상황이었습니다. 그는 도로에 나가 차를 태워달라고도 할 수 없었고 낮에는 돌아다닐 수도 없었습니다. 밤을 이용해서 철 로를 따라 사흘을 걸었고 낮에는 길옆 농장이나 과수원에 숨 어 지냈습니다. 마침 그 시절은 수박이나 과일이 익는 철이어 서 되는대로 그런 것들을 따서 먹었고, 밤에만 움직였으므로 체포되지 않은 채 철로를 따라 집까지 올 수 있었습니다.

　그는 잿더미 위에 굴러서 등과 엉덩이의 맨 살에 검붉은 상처가 있었고, 온 몸이 검은색으로 변해 있었습니다. 몸은 더러워져 있었습니다. 통증도 심했는데, 집에 돌아와 이삼일 동안 침대에 누워 꼼짝도 하지 못했습니다. 그러나 하나님께 감사하게도 저와 어머니는 내적 직감으로 그에게 일어난 일을 알 수 있었습니다.

누군가는 "해긴 목사님은 선지자이시니까 그것을 알 수 있었던 것이지요."라고 말할지도 모릅니다. 그러나 이 일은 선지자의 사역과는 아무런 상관이 없습니다. 저는 1950년대에 들어서서 비로소 선지자 사역을 시작했습니다. 형에게 일어난 일을 알 수 있었던 것은 단지 저의 거듭난 영 안에서 하나님의 영으로 말미암아 알게 된 것입니다. 그후로도 제 가족 중 단 한사람도 제가 미리 어떤 일이 일어날 것인지를 알지 못하는 중에 불행한 일을 당하거나 죽음을 당했던 적이 없습니다. 하나님의 영이 한밤중에 종종 저를 깨우셔서 일어날 일들에 대해 준비시키셨기 때문입니다.

제 9 장

더 깊은 차원

　성령세례를 받으면 더욱 깊은 차원의 영의 세계로 들어가게 됩니다. 이해하기 쉽게 예를 들어보겠습니다. 거듭나는 것은 꼭 필요한 일입니다. 그러나 거듭난 자 안에 '내주하시는 성령'의 세계는 마치 어른이 수영을 하기 위해 어린이용 수영장에 들어가는 것과 같습니다.

　어린이용 수영장의 물의 깊이는 30센티미터 내지 45센티미터에 불과합니다. 반면에 성령세례를 받은 '임하시는 성령'의 세계는 어른을 위한 수영장에 들어가는 것과 같습니다. 어른용 수영장의 물의 깊이는 최소한 90센티미터나 1미터 20센티미터부터 2미터 40센티미터 또는 3미터에 달합니다. 같은 영이지만 깊이는 이처럼 다릅니다. 이렇게 보다 깊은 차원의 세계에서는 우리가 기도할 때 성령께서 도우셔서 우리는 좀 더 쉽게 응답을 받게 됩니다.

성경은 고린도전서 1장 7절에서 우리가 '모든 은사에 부족함이 없는 삶'을 누릴 수 있다고 말하고 있음을 당신이 이해하게 되기를 바랍니다. "너희가 모든 은사에 부족함이 없이"(고전 1:7). 성령세례 같은 깊이 있는 체험들은 무시되어서는 안 되며, 오히려 받기를 갈망해야 하는 체험입니다. 성령세례야말로 하나님의 온전함으로 들어가는 바로 그 길입니다.

제가 성령세례를 받았을 때 저는 어느 교회에서 목회를 하고 있었습니다. 제가 목회를 했던 그 교회에서 사람들은 구원받았으며, 저는 그들에게 제가 치유를 받은 것과 똑같은 방법으로 치유 받을 수 있다고 가르쳤습니다. 저는 마가복음 11장 24절에 따라 성도들에게 가르쳤습니다. 그들에게 "만일 여러분들이 구하고 구한 것을 받은 줄로 믿으면 그것을 받게 될 것이라"고 말했습니다. 저는 사람들에게 손을 얹었으며 기름을 가져다가 발라주기도 했습니다. 그리고 사람들이 낫는 것을 보았습니다.

하지만 그 교회에서는 성령의 은사가 나타나는 것을 본 적이 없었고, 그 교회에는 선지자도 없었습니다. 그때 저는 하나님의 부르심이 있었으므로 가르침의 기름부음은 있었습니다. 하지만 방언의 은사, 방언통역의 은사, 영분별의 은사, 지식의 말씀의 은사 같은 것은 없었습니다. 그러나 제가 성령세례를 받자마자, 우리 교회는 초자연적인 나타남이 일어나기 시작했습니다. 그리고 나중에는 교회의 모든 구성원이 저를 따라 성령세례를 받았습니다. "오직 성령이 너희에게 임하시면 너희가 권능을 받고…"(행 1:8). 그 당시 순복음교회 사람들은 능력을 특히 강조했습니다. 저도 방언을 말했기 때문에 성령세례를 받았다는 것을 알았습니다. 방언은 초자연적인 나타남이니까요. 그러나 제가 성령세례에서 비롯되는 능력을 체험하면서부터 저에게 나타나는 능력은 저 자신도 믿지 못할 정도였습니다. 혼자 있을 때 제 스스로를 꼬집어보며 꿈인가 생시인가 할 정도였습니다. 이런 생각을 하기도 했습니다. '능력을 좀 더 받다가는 내가 받은 능력을 다 헤아리지도 못하겠군.'

우리는 각자 개인적으로 성령 인도를 받아야만 합니다

우리 모두는 우리 각자의 일에 대해 스스로 성령의 인도를 받아야 합니다. 다른 사람을 대신해서 성령의 인도를 받고 그에게 무엇을 하라고 말해줄 수는 없습니다. 그렇게 하려고 할 때 실수를 범하게 됩니다. 저는 다른 사람을 대신해서 인도를 받아준다고 하는 사람을 별로 좋게 생각하지 않습니다.

물론 가끔 저도 성령을 통해 알게 된 사실에 대해 당사자에게 넌지시 암시를 주기도 합니다만, 하나님께서 시키시지 않으면 말하지 않습니다. 그도 하나님께 인도받는 법을 배워야 하니까요. 당신은 다른 사람을 의지해서 하나님께 인도받을 필요가 없습니다. 남에게 의지하기 시작하면 그것이 버릇이 되어 늘 영적인 어린아이로 남아있게 됩니다. 모든 그리스도인들은 자라고 성장해야 합니다.

성령의 인도하심을 따라 성령세례를 받은 후에도 저는 제가 목회하는 교회에서 성령세례에 대해 아무것도 말하지 않았습니다. 매우 조심했으며 혹 무심코라도 "저는 성령세례를 받았고, 방언을 말합니다."라고 말한 적이 없습니다.

침례교의 제 친구 목사님 몇 분은 성령세례를 받게 되자, 그것을 말하고 싶어서 흥분해서 교회로 달려갔고 다음날인 주일 아침부터 온 회중에게 그것을 말하기 시작했습니다. 목사님이 그것을 설교시간에 이야기하자 교회의 운영위원회는 그를 해임시켜 버렸고, 그 목사님들은 그후로 그 일에 대해서 아무에게도 이야기할 수 없게 되어버렸습니다. 그것으로 끝이었습니다.

반면, 감리교의 제 친구 목사님 한 분은 성령세례를 받은 후에 앞에 말씀드린 침례교 목사님들과는 다르게 행동했습니다. 그분은 성공회 소속 교회를 방문했을 때 성령세례를 받았는데, 그후에 집으로 돌아오면서 어떻게 할지 생각했습니다. "주님, 제가 어떻게 하는 것이 좋겠습니까? 만일 우리 교회에서 이것을 말하면 교회 운영위원회에서 저를 쫓아낼 것입니다. 제 아내에게 말하기도 두렵습니다."

그 목사님은 기도한 후에, 저에게 주님께서 당분간 아무에게도 말하지 말라고 하시는 것 같다고 이야기했습니다. 한 달 정도를 그 목사님은 혼자 있을 때 방언으로 기도했고 그것을 즐겼습니다. 마침내 그의 아내가 그 목사님께 어떻게 된 것인지 물었습니다.

목사님은 말했습니다. "무슨 말이에요?"

그의 아내가 말했습니다. "잘 모르지만 당신에게 무슨 일이 일어난 것 같아요."

"좋은 건가요, 나쁜 건가요?"

"오, 좋은 일이에요!"

그러자 그 목사님은 아내에게 사실을 말했습니다. "전에 성공회교회에 갔을 때 성령세례를 받았고 방언을 말했어요."

"저도 하고 싶어요!" 아내가 말했습니다.

제 친구 목사는 아내의 말을 듣고 놀랐다고 저에게 말했습니다. 결국 그의 아내도 원하는 것을 얻게 되었습니다. 목사님은 아내와 함께 기도했고 그의 아내는 성령세례 또는 성령충만을 받았습니다. 그리고 방언을 말하기 시작했습니다.

그러나 여전히 교회에는 말하지 않았습니다. 90일이 지나도록 기다렸는데 사람들이 드디어 목사님에게 무슨 일이 일어났는지 궁금하게 생각하기 시작했습니다.

"오, 저한테 무슨 일이 생긴 것 같나요?"

"예, 목사님께 무슨 일이 일어난 게 틀림없어요."

"좋은 건가요, 나쁜 건가요?"

"오, 좋은 일이에요!"

"좋아졌다는 것이 무슨 뜻인가요?"

"목사님 설교가 더욱 힘이 있어졌고요. 또 목사님께 능력이 생기신 것 같아요."

아주 많은 사람들이 목사님의 변화에 대해 궁금해 했으므로, 그는 날짜를 미리 정해서 주일 설교시간에 자신에게 일어났던 일에 대해 설명했습니다.

이 목사님이 목회하시는 교회는 큰 규모의 감리교회였는데, 이 교회는 큰 사업을 하시는 분이 재정적인 후원을 하고 있었습니다. 대개의 경우 어떤 일이든 이 분이 결정하는 방향으로 나머지 성도들이 따라갔습니다. 목사님은 이 사업가가 성령세례를 받기 위해 강단 앞으로 나오기만 한다면 다른 사람들은 성령세례에 대해 반대하지 않을 것이란 것을 알았습니다. 그래서 이 목사님은 자신이 체험한 것을 아주 자세하게 설명한 후에 즉시 물었습니다. "제가 했던 이런 체험을 하기 원하시는 분이 계신가요? 성령세례를 받기 원하시면 앞으로 나오세요."

말이 끝나자마자 "제가 받고 싶습니다!"라며 그 사업가가 달려나왔고, 그 뒤를 이어 회중의 3분의 2가 성령세례를 받겠다고 앞으로 나왔습니다. 그들은 모두 성령세례를 받았습니다!

더욱 큰 능력

1950년대에 저는 텍사스 주의 서부 콜롬비아에 있는 B. B. 행킨스 목사님이 목회를 하시는 순복음교회에서 집회를 열고 있었습니다. 어느 날 저녁 집회를 마치고 목사 사택에서 집회에 참석하러 온 장로교 목사님과 함께 쉬면서 이야기를 나누었습니다. 행킨스 목사님과 그 장로교 목사님은 휴스턴의 순복음교회에서 복음사업가를 위한 집회에 참석했었는데, 그 집회에서 또 다른 장로교 목사님으로부터 성령충만을 받은 간증을 들었고, 그후에 행킨스 목사님은 장로교 목사님과 함께 강단 앞으로 나가 성령세례를 받고 방언을 말했다고 했습니다.

이 장로교 목사님이 목회하시는 교회는 주일 저녁예배가 없고, 주일 저녁이면 10명쯤 되는 성도들만 모여 교제를 하곤 했습니다. 그런데 그 장로교 목사님은 성령세례를 받은 후에 돌아가서 매주일 저녁에 전도 집회를 열기 시작했습니다(성령세례를 받으면 복음을 전하게 됩니다). 사람들이 이를 통해 거듭나기 시작했고, 교인들도 늘어나기 시작했습니다. 그리고 특별히 하나님을 갈망하는 사람들은 교회의 공식적인 프로그램을 통하지 않고 개별적으로 만나서 가르쳤습니다. 사람들은 하나둘씩 목사님께 와서 궁금한 것을 물었고, 목사님은 그들과 함께 목사 사택에서 기도했습니다. 마침내 30명 이상이 성령세례를 받게 되었습니다.

그러나 비공식적인 모임은 오래갈 수 없는 법이어서 교회 운영위원회에서 이 문제가 제기되었고, 운영위원 한 사람이 담임목사님의 해임을 요구했습니다. 그 이유는 목사님 자신이 방언을 말했을 뿐 아니라 성도들 중 몇 사람에게도 성령세례를 받게 했다는 것이었습니다.

그런데 교회 운영위원 중에 가장 영향력이 있는 성도가 말했습니다. 그분은 교회가 소재한 서부 콜롬비아에서 가장 뛰어난 사업가였고, 그 교회에 가장 많은 후원을 하는 분이었습니다. "저는 성령세례의 경험은 없습니다. 그러나 우리 모두 이 일에 대해 다시 한 번 생각해 봅시다. 목사님은 지난 5년 동안 우리 교회를 목회해 오셨습니다. 우리는 목사님이 성령세례를 받기 전 5년 동안 한 설교를 들어왔고, 그리고 성령세례를 받고난 후의 설교도 들었습니다. 비교해보면 성령세례를 받고난 후에 능력이 더욱 많이 나타났고 더 역동적입니다.

이런 이야기를 목사님 앞에서 하기가 좀 그렇지만, 예전에 저는 솔직히 목사님의 설교가 지루했었습니다. 그러나 요즘은 즐거운 마음으로 모든 예배에 참석하고 있습니다!

우리 목사님의 설교를 듣고 많은 사람들이 구원받고 있고, 교회가 성장하고 있으며, 또한 헌금도 늘어나고 있습니다. 우리는 목사님을 해임하는 이야기가 아니라 목사님을 붙잡아 두고 사례금을 올려드리는 이야기를 해야 하는 것 아닙니까?" 그러자 그들은 목사님의 사례금을 올리자는 결의를 했습니다!

장로교 목사님은 이야기를 마치면서 저에게 이렇게 말했습니다. "성령세례를 받았더니 영적으로도 성장했고, 빚도 모두 갚게 되었지요. 그들이 제 사례금도 올려주었어요!"

말씀드린 감리교 성도들이나 장로교 성도들은 모두 현명한 결정을 내렸습니다. 그들은 성령세례를 받기 전과 후에 그들의 목사님이 어떻게 달라졌는지 볼 줄 아는 지혜가 있었습니다.

동일한 인도하심

저도 위의 두 목사님들처럼 지혜로운 인도하심을 받았습니다. 성령세례를 받은 후 저 역시 제가 목회하는 교회에서 성령세례를 받았다거나 방언을 했다는 말을 전혀 하지 않았습니다.

그저 가르치기만 했습니다. 30일쯤 지난 후에 사람들이 저에게 물어오기 시작했습니다.

"목사님이 달라지신 것 같아요."

"제가 달라졌다고요?"

"예, 틀림없어요!"

"좋아진 것 같습니까? 아니면 나빠진 것 같습니까?"

"오, 좋아졌어요!"

"어떻게 좋아졌다는 말씀이세요?"

"목사님 설교에 능력이 더 많아지셨어요. 가르치실 때 더욱 힘이 넘치고요. 박력이 생겼어요. 거의 저희를 넘어뜨릴 지경이에요!"

이 말의 의미는 제가 설교를 할 때 소리를 지른다는 것은 아니었습니다. 제가 하는 설교가 능력이 있다는 뜻입니다. 하나님을 찬양합니다. 저에게 일어난 일, 즉 성령세례에 대해 성도들에게 이야기하자 성도들의 93%가 저를 따라 성령세례를 받았습니다. 단 한 명의 성도도 잃어버리지 않았습니다. 나머지 7%도 성령세례 받기를 원했지만, 성령세례를 받기 위한 대가를 지불하지 못했습니다. 성령세례를 받으려면 적은 대가를 치러야 합니다. 그것은 겸손해지는 것입니다. 성령세례를 받지 못한 사람들은 성령세례를 받기 위해 강단 앞으로 나와 성령을 구하지 않은 사람뿐입니다.

뭔가 달라졌어요!

제가 특별히 기억하는 사람이 있습니다. 훌륭한 감리교도였고 그 지역사회의 지도자였던 콕스 씨입니다. 그 당시 그는 89세였고 넓은 땅을 소유하고 있었습니다. 그 지역에는 가장 부유한 세 사람이 있었는데, 콕스 씨와 그의 형제 그리고 또 다른 사람이었습니다.

저는 십대 시절부터 설교를 했는데 콕스 씨는 저를 부를 때에 꼭 목사칭호를 붙여서 불렀습니다. 언젠가 콕스 씨가 저에게 그 지역의 또 다른 부자인 커리 씨에 대해 이야기한 적이 있었습니다. 그는 장로교도였고 자녀들이 장성했으므로 그의 일가는 모두 다섯 가정이나 되었습니다. 그는 아내와 함께 유럽여행에서 막 돌아온 참이었습니다.

제가 성령세례를 받기 전에 순복음교인 가정이 그 마을로 이사를 왔는데, 그들이 방언을 말한다는 소문이 곧 마을 전체에 퍼졌습니다. 커리 씨는 저에게 이렇게 말했었습니다. "목사님께 분명히 말씀드리는데, 만일 그들이 이 교회에 다니면 나는 우리 일가 다섯 가정을 모두 데리고 교회를 나갈 것이오." 그는 정말로 그렇게 할 생각으로 말한 것입니다.

커리 씨가 유럽여행에서 돌아오기 전에 제가 성령세례를 받게 되었습니다. 커리 씨가 돌아왔지만, 그때는 아직 제가 성령세례를 받았다는 이야기를 공개적으로 하기 전이었습니다. 다만, 콕스 씨에게는 말씀을 드렸었습니다. 콕스 씨가 저에게 무슨 일이 일어났느냐고 물어서 대답해드린 것입니다. 그는 제 이야기를 듣고, "그런 줄 알았어요. 내 딸도 수년 전에 성령세례를 받았는데 그 아이도 목사님처럼 달라졌었지요. 목사님이 설교할 때 달라진 것을 보고 이렇게 생각했답니다. '바로 저거야. 우리 목사님도 성령세례를 받고 방언으로 말했구먼.'"

제가 목회하던 교회는 마을 어귀에 구부러진 길 앞에 있었습니다. 그곳에는 저희 교회와 잡화점만이 있었습니다. 콕스 씨는 커리 씨를 그 잡화점에서 만났는데 커리 씨가 콕스 씨에게 이렇게 물었습니다.

"내가 유럽에 머무는 동안 우리 교회 목사님에게 무슨 일이 일어난 것 같은데?"

"그렇게 생각하나?"라고 콕스 씨가 모른척하고 대답했습니다.

커리 씨가 말했습니다. "음, 무슨 일이 일어난 것이 틀림없네."

"그런가? 그런데 좋은 쪽으로 바뀐 것 같은가, 나쁜 쪽으로 바뀐 것 같은가?"

"아주 좋아졌다네!"

"좋아졌다는 말이 무슨 뜻인가?"

"목사님 설교가 예전보다 좋아졌어."

"그렇게 생각하나?"

"글쎄, 틀림없이 그렇다니까."

콕스 씨는 커리 씨의 말을 받으면서, 자기는 목사님이 그렇게 많이 달라진 것 같지는 않다고 했습니다. 그러자 커리 씨가 이렇게 대답했습니다. "그렇지 않다네, 목사님은 예전에 비해서 여러 면에서 아주 능력이 많이 생겼단 말일세."

콕스 씨가 제게 이렇게 말했습니다. "커리 씨는 성령세례와 방언에 대해 매우 부정적이니, 목사님이 성령세례를 받은 것을 공개적으로 공표하기 전에 내가 먼저 커리 씨를 만나 이야기해두는 것이 좋겠어요." 콕스 씨가 커리 씨를 만나 이렇게 말했습니다. "여보게, 자네가 유럽을 여행하는 동안 우리 목사님에게 무슨 일이 일어났는지 아는가?"

커리 씨가 대답했습니다. "모르겠네, 다만 그가 달라진 것은 틀림없어."

"우리 목사님은 성령세례를 받고 그 증거로 방언을 말했다네."

커리 씨는 그 말을 듣자마자 고개를 숙였습니다. 커리 씨는 고개를 숙인 채 십여 초 동안 아무 말도 하지 않았습니다. 콕스 씨는 커리 씨가 그의 일가를 모두 데리고 교회를 나갈 생각을 하는 것이라고 생각했습니다. 10초 정도의 그 시간이 마치 10분 같이 생각되었습니다.

마침내 커리 씨가 고개를 들었을 때, 그의 눈엔 눈물이 가득 고여 있었고, 커리 씨는 콕스 씨에게 이렇게 고백했습니다. "내가 고백할게 하나 있다네, 우리 목사님이 성령세례를 받고 달라진 것을 보면서 나는 비로소 믿음을 갖게 되었다네. 이제 나도 그 성령세례를 받기를 원하네!"

하나님께 영광을 돌립니다. 저는 성령세례가 변화를 가져온다고 믿습니다. 하나님을 믿게 될 때 성령께서 그의 마음에 들어가셔서 그를 변화시키는 것처럼, 성령세례도 그런 역할을 하는 것입니다. 에스겔 선지자가 이렇게 말했습니다. "또 새 영을 너희 속에 두고 새 마음을 너희에게 주되…"(겔 36:26). 사람들이 거듭나면, 그의 영이 새롭게 되며 누가 보아도 그가 달라졌음을 알 수 있습니다. 성령세례도 마찬가지로 그것을 받은 사람이 달라졌음을 누구라도 알 수 있습니다. 예수님이 이렇게 말씀하셨습니다. "오직 성령이 너희에게 임하시면 너희가 권능을 받고 … 내 증인이 되리라"(행 1:8) 우리는 말로 증거해야 합니다. 그리고 제 개인적인 의견입니다만, 그것을 증거하는 가장 좋은 방법은 열매를 맺는 것입니다. 그래서 다른 사람들이 우리가 맺는 열매를 보도록 하는 것입니다.

제 10 장

가족들에게 성령세례를 증거하기

　여러분들이 가까운 가족들에게 복음을 전하려고 할 때, 주님은 제가 선했던 방식과는 다른 방법을 사용하도록 여러분을 인도하실 수 있을 것입니다. 그런데 하나님께서는 제가 저의 어머니나 형제자매들이나 외할머니나 외할아버지나 이모나 외삼촌들에게 증거할 때 언제나 같은 방법을 사용하도록 인도하셨습니다. 저는 하나님이나 예수님에 대해 한마디도 말하지 않았습니다. 그들을 구원하려고 시도해보지도 않았습니다. 제 설교를 들어보라는 권유조차 해본 적이 없습니다. 제 속의 무엇인가가 저를 잡고 제가 그렇게 하도록 인도하는 것 같았습니다.

　제 스스로도 이렇게 말했습니다. '그들이 나에게서 거듭난 사람의 달라진 모습을 본다면 그들도 그렇게 되기를 원할 거야.' 그리고 제가 그렇게 하자, 위에서 말한 저의 친척들이 제 생각대로 거듭나게 되었습니다. 그들은 거듭남의 실재를 보았기 때문입니다!

성령세례도 마찬가지입니다. 성령세례를 받는 것은, 단지 한 번의 즐겁고 놀라운 경험일 뿐 아니라 사역을 위한 능력을 받는 것입니다! 사람들은 제가 성령세례 받기 전후의 달라진 모습을 볼 수 있었습니다.

성령세례에 대한 성경말씀을 살펴봅시다. 성령세례는 높은 곳으로부터 능력을 받는 것입니다.

오순절 날 있었던 일들에 관한 말씀을 보겠습니다.

오순절 날이 이미 이르매 그들이 다같이 한 곳에 모였더니 홀연히 하늘로부터 급하고 강한 바람 같은 소리가 있어 그들이 앉은 온 집에 가득하며 마치 불의 혀처럼 갈라지는 것이 그들에게 보여 각 사람 위에 하나씩 임하여 있더니 그들이 다 성령의 충만함을 받고 성령이 말하게 하심을 따라 다른 언어들로 말하기를 시작하니라 행 2:1-4

본문 말씀에서는 오순절 날의 경험을 '성령의 충만함'이라고 부르고 있습니다. 세례요한은 이렇게 예언했습니다. "나는 너희로 회개케 하기 위하여 물로 세례를 주거니와 내 뒤에 오시는 이는 나보다 능력이 많으시니 나는 그의 신을 들기도 감당치 못하겠노라. 그는 성령과 불로 너희에게 세례를 주실 것이요"(마 3:11, 눅 3:16 참조).

이런 경험은 이를 행하신 예수님의 입장에서 보면 사람들이 '성령으로 세례 받은 것baptized with' 이라고 말할 수 있고, 믿는 자의 입장에서 보면 '성령을 모셔들인 것receives' 또는 '성령으로 충만해진 것filled with' 이라고 말할 수 있을 것입니다.

앞서 말씀드렸듯이, 성경의 어떤 주제에 대해 논하는 것은 마치 산을 오르는 것과 같습니다. 산을 올라갈 때 북쪽으로 올라간다면, 북쪽의 경치만 볼 수 있을 것입니다. 반면에 남쪽으로 올라간다면, 완전히 다른 경치를 보게 될 것입니다. 그러나 어느 쪽으로 오르든지 같은 산을 오르는 것입니다. 성경의 교리나 어떤 주제에 대해 논하는 것도 마찬가지입니다. 어느 쪽으로 오르느냐에 따라 보이는 모습이 달라집니다.

북쪽의 모습이 옳은지 아니면 남쪽의 모습이 옳은지에 대해 의문을 가질 수 있겠지만, 둘 다 옳습니다. 보이는 모습은 우리가 오르는 방향에 따라 달라진 것뿐이니까요. 일단 산 정상에 오르면 우리는 산의 모든 모습을 볼 수 있습니다!

성령의 나타나심의 여러 모습

이제 저는 여러분이 다른 것에 주목하길 바랍니다. 사도행전을 읽어나가다 보면 오순절 성령강림 이후에도 여러 사람이 성령을 받는 장면이 나오지만, 오순절 때와 같이 강하고 급한 바람처럼 임하시는 성령의 모습을 묘사하는 구절은 더 이상 나타나지 않는다는 것을 알 수 있습니다. 그런 일이 일어날 수도 있겠지만 불의 혀같이 갈라지는 것이 믿는 자들 위에 임하는 장면은 더 이상 나타나지 않습니다. 그러나 성령이 임하실 때 나타나는 현상으로 성경이 일관되게 묘사하는 것이 있는데, 그것은 방언을 말하는 것입니다.

오순절 때 나타났던 급하고 강한 바람소리와 불의 혀같이 갈라지는 모습이 더 이상 없다고 말할 수는 없습니다. 그러나 성령세례가 임할 때 반드시 방언이 수반된다는 것은 분명합니다. 불의 혀같은 성령세례의 모습 같은 것이 항상 나타나지는 않았습니다. 그러나 제 경우에는 이런 일이 몇 번 있었습니다.

제가 마지막 교회에서 담임목사직을 맡고 있었을 때, 텍사스 동부지역에 있는 하나님의 성회 소속 교회 요청으로 집회를 인도하고 있었습니다. 오전 11시부터 말씀을 가르치고 있었는데, 하나님의 지시하심을 따라 12시경에 설교를 좀 일찍 마쳤습니다. 그 지역교회의 목사님과 장로님은 강단 위에 있었습니다.

설교를 마치자 성령께서 방언으로 말하라는 감동을 주셨습니다. 저는 방언으로 메시지를 말했습니다. 좀 더 성경적으로 말하자면, 통역이 필요한 공중방언을 말한 것입니다. 그러자 그 교회 목사님이 일어서서 통역을 했고, 제가 다시 한 번 성령으로 감동된 방언으로 말하자 다시 그 목사님이 통역을 했습니다.

성령의 바람

그 교회 예배당은 사람들로 모든 좌석이 가득 채워졌고 예배당 뒤쪽에는 서 있는 사람들도 있었던 것으로 기억합니다. 저의 두 번째 방언을 목사님이 통역했을 때 마치 바람이 부는 것같은 소리가 들렸습니다. '쉬이익!' 그곳에 있는 모든 사람이 그 소리를 들었습니다. 그곳에 계셨더라면 예배당에 가득 찬 그 소리를 여러분도 들으실 수 있었을 것입니다.

우리 중 아무도 기도하지 않았고, 누구에게도 손을 얹지 않았지만 그 예배당 안의 모든 환자가 즉시 나음을 입었습니다. 어떤 여인은 구급차를 타고 이동식 침대에 실려 예배당에 들어와서, 벽을 향해 놓인 침대에 누워있었습니다. 나중에 들은 이야기지만 이 여인은 여섯 번이나 수술을 받았습니다. 그녀의 모습은 시체 같았습니다. 의사조차도 그녀가 곧 죽게 될 것이므로 할 수 있는 것이 없다며 더 이상의 수술을 거부한 상태였습니다.

그런데 그때 제가 본 것을 영원히 잊지 못할 것 같습니다. 바람 소리가 예배당을 가득 채웠을 때 어느 누구도 그녀에게 안수하지 않았는데, 그녀는 침대에서 벌떡 일어나 예배당 한가운데로 달려 내려왔고, 즉시 치유를 받았습니다.

이 집회는 하나님의 성회 소속 사역자들을 위한 집회였으므로 참석자들은 주로 목사님들이었습니다. 하지만 그곳엔 아직도 성령세례를 받지 못한 사람들도 있었는데, 그 바람 소리가 가득 찼을 때 그때까지 성령세례를 받지 못했던 모든 사람이 성령세례의 체험을 했습니다.

또 주님을 만나지 못한 사람들도 있었습니다. 어느 여인이 그때까지 구원받지 못했던 자기의 이웃을 초청해서 함께 그곳에 있었습니다. 한 달 후에 저는 그곳에서 부흥집회를 열었었는데, 그때 이 여인이 이렇게 간증을 했습니다. "저는 교회에 출석하고 있었기 때문에 구원을 받았다고 생각했었어요. 아주 어려서부터 교회를 다녔지요. 제가 구원을 이미 받았었는지도 모르겠지만 제가 구원 받았어도 저는 그것에 대해서 전혀 알지 못한 것이 틀림없습니다. 저를 집회에 초청한 그 여자 분이 저에게 거듭남에 대해서 이야기할 때마다 저는 이렇게 이야기했습니다. '저는 교회를 다니고 있답니다. 저는 문제없어요.' 저는 그녀가 이야기하는 것을 이해하지 못했던 것입니다.

그 집회가 진행되는 동안 저는 제 이웃에 사는 분과 함께 복도 바로 옆자리에 앉아 있었는데, 성령의 바람이 불면서 거듭나게 되었고 성령세례를 받았어요. 그리고 방언을 말하기 시작했고 담배도 즉시 끊게 되었지요."

저는 바람 소리를 듣기도 하고 바람이 부는 것도 느꼈던 적이 한 번 이상 있습니다. 그러나 어떤 경우에는 단지 성령의 바람을 느끼기만 했을 뿐 소리는 듣지 못했습니다. 이때 바람은 매우 강력한 바람이었습니다. 또 다른 경험에서는 아주 부드러운 바람처럼 느껴진 적도 있습니다. 믿는 사람이 성령으로 세례를 받을 때 이런 경험이 수반되기도 하지만, 때로는 이런 경험이 없이 성령세례만 받기도 합니다. 하지만 그들이 성령세례를 받을 때 언제나 수반되는 현상은 방언을 말하는 것입니다.

또 다른 증거

성령세례에 대한 또 다른 성경구절이 있습니다. 사도행전 8장에는 사마리아인들이 성령세례를 받는 모습이 나옵니다.

빌립이 사마리아 성에 내려가 그리스도를 백성에게 전파하니 무리가 빌립의 말도 듣고 행하는 표적도 보고 한마음으로 그가 하는 말을 따르더라 많은 사람에게 붙었던 더러운 귀신들이 크게 소리를 지르며 나가고 또 많은 중풍병자와 못 걷는 사람이 나으니 그 성에 큰 기쁨이 있더라 빌립이 하나님 나라와 및 예수 그리스도의 이름에 관하여 전도함을 그들이 믿고 남녀가 다 세례를 받으니 예루살렘에 있는 사도들이 사마리아도 하나님의 말씀을 받았다 함을 듣고 베드로와 요한을 보내매 그들이 내려가서 **그들을 위하여 성령 받기를 기도하니** 행 8:5-8,12,14,15

비록 성령께서 사람들이 거듭나도록 하는 일에 관여하시고 거듭난 사람 안에 거하시더라도, 우리는 새로운 탄생을 일컬어 "그리스도를 영접함"이라고 하지, "성령 받음"이라고 부르지는 않습니다. 사도행전 8장 5절을 보면, 빌립이 사마리아 사람들에게 그리스도를 전합니다. 그러나 성령을 전파하지는 않았습니다. 성령은 15절에 가서야 비로소 언급됩니다. (하지만 빌립이 행한 이적들을 보면 그 전에도 성령께서 일하시고 있다는 것을 알 수 있습니다.)

사도행전 8장 14절을 보십시오. "예루살렘에 있는 사도들이 사마리아도 **하나님의 말씀**을 받았다 함을 듣고…"(행 8:14).

베드로전서 1장 23절을 보십시오. "너희가 거듭난 것은 썩어질 씨로 된 것이 아니요 썩지 아니할 씨로 된 것이니 **살아 있고 항상 있는 하나님의 말씀**으로 되었느니라"(벧전 1:23) 사도행전 8장에서는 사마리아 사람들이 하나님의 말씀을 받았다고 말합니다. 그렇다면 그들은 하나님의 말씀으로 거듭났을 것입니다. 왜냐하면 베드로전서 1장 23절에서 우리가 하나님의 말씀으로 거듭난다고 말하고 있으니까요. 예수님께서 "성령으로 난 것은 영"이라고 하셨습니다. 그러므로 비록 성령이라는 말이 언급되는 것은 나중이지만, 사마리아 사람들의 경우도 영으로 거듭났음을 알 수 있습니다.

죄인들을 위해 기도할 때 그들이 성령을 받도록 기도하지 않고, 예수 그리스도를 영접하도록 기도합니다. 그들이 그리스도를 영접하면 그리스도의 영이신 성령께서도 그들의 마음속으로 들어가십니다. 그래서 당연한 이야기지만 바울은 이렇게 말했습니다. "…누구든지 그리스도의 영이 없으면 그리스도의 사람이 아니라"(롬 8:9).

이중사역

이제부터 성령의 이중사역에 대해 보겠습니다. 사도들을

포함한 초대교회의 성도들은 구원을 받게 된 후에, 성령으로 세례를 받거나 성령을 받는 체험을 하게 된다고 믿었습니다.

사도행전의 사마리아 사람들은 구원을 받았을까요? 예수님께서 "또 이르시되 너희는 온 천하에 다니며 만민에게 복음을 전파하라 믿고 세례를 받는 사람은 구원을 얻을 것이요 믿지 않는 사람은 정죄를 받으리라"(막 16:15-16)라고 말씀하신 것에 따르면, 사마리아 사람들도 구원을 얻었음에 틀림없습니다. 사마리아 사람들도 믿었고 세례를 받았으니까요.

이들이 구원받았음을 알 수 있는 또 다른 증거가 있습니다. 사도행전 8장 14절을 보십시오. "사마리아도 **하나님의 말씀을 받았다**"고 말하고 있습니다. 하나님의 말씀이 누구일까요? 예수님이 바로 하나님의 말씀입니다(요 1:1,14). 예수님은 살아 있는 말씀입니다(벧전 1:23). 사마리아 사람들도 그때 그리스도를 영접했습니다.

그러고 나서 베드로와 요한이 그들에게로 내려가 그들을 위해 기도했습니다. 그들이 무엇을 위해 기도했습니까? 사마리아 사람들이 구원을 얻도록 하기 위해서 인가요? 그렇지 않습니다. 그들은 사마리아 사람들이 성령을 받도록 기도했습니다(행 8:15).

사도행전을 기록한 누가는 성령께서 사마리아에 계시지 않았다고 기록하지 않았습니다. 성령께서는 이미 그곳에 계셨으니까요. 빌립은 성령이 충만한 사람이었습니다. 빌립은 사도들이 접대하는 일을 맡긴 집사들 중 한 사람이었습니다. 즉 사도들이 다른 제자들에게 "**성령과 지혜가 충만하여** 칭찬 듣는 사람 일곱을 택하라…"(행 6:3)고 말했던 그런 사람 중의 한 사람이었던 것입니다. 그러므로 빌립이 사마리아에 갔을 때 성령께서도 그곳에 계셨으며, 그분은 베드로와 요한이 그곳으로 내려오기 전에 이미 사역을 하셨습니다. 예수님은 제자들에게 이렇게 말씀하셨습니다. "…내가 세상 끝날까지 너희와 항상 함께 있으리라"(마 28:20). "…내가 결코 너희를 버리지 아니하고 너희를 떠나지 아니하리라"(히 13:5). 그러므로 빌립이 사마리아에 내려갔을 때 예수님도 함께 계셨을 것입니다. 물론 육신의 몸이 아니라 성령으로 가신 것입니다.

베드로와 요한이 사마리아에 가기 전에 성령께서 이미 그곳에 계셨고 일하셨습니다. 사마리아 사람들이 하나님의 말씀을 받았을 때 그들의 영을 새롭게 만드신 분이 성령이십니다. 성령께서 그들로 하여금 그리스도 안에서 새로운 피조물이 되도록 하신 것이지요.

이제 사도행전 8장 16절을 보십시오. "이는 아직 한 사람에게도 성령 내리신fallen upon 일이 없고 오직 주 예수의 이름으로 세례만 받을 뿐이더라"(행 8:16). 예수님은 사도행전 1장 8절에서 "오직 성령이 너희에게 임하시면fallen upon 너희가 권능을 받고…"(행 1:8)라고 말씀하셨습니다. 그러나 16절에 따르면 사마리아 사람들에겐 아직 성령이 임하시지 않았고, 그들은 오직 예수 그리스도의 이름으로 물세례만을 받았을 뿐이었습니다.

사마리아 사람들은 구원을 받고나서 베드로와 사도 요한이 그들에게 안수한 후에 비로소 성령을 받는 체험을 했습니다. "이에 두 사도가 그들에게 안수하매 성령을 **받는지라**"(행 8:17).

여러분, 교회의 교리에 영향을 받지 말고 성경적인 증거만을 자세히 살펴보면, 거듭남과 성령세례가 다른 체험이라는 것을 알 수 있습니다. 성경이 분명히 그것을 말해 주고 있습니다.

예수님과의 만남

성경의 다른 곳에서도 이것을 말해 줍니다.

아나니아가 떠나 그 집에 들어가서 그에게 안수하여 이르되 형제 사울아 주 곧 네가 오는 길에서 나타나셨던 예수께서 나를 보내어 너로 다시 보게 하시고 성령으로 충만하게 하신다 하니 행 9:17

아나니아가 바울에게 "형제"라고 불렀습니다. 사울은 다메섹으로 가는 도상에서 그리스도를 만나기 전에는 어둠 가운데 있던 사람입니다. 그는 교회의 최초의 순교자인 스데반이 죽도록 가편투표를 했었고(행 8:1), 주의 제자들에 대하여 위협과 살기를 내뿜었던 사람이었습니다(행 9:1). 그는 유대인 지도자들로부터 사람들을 옥에 가두고 결박할 수 있는 권세를 받은 편지를 가지고 있었습니다(행 9:2). 우리들 중 아무도 이런 사람에게 가서 형제라고 부르지는 않을 것입니다.

아나니아가 사울을 형제라고 부르면서 한 말을 이렇게 바꾸어 볼 수 있을 것입니다. "나를 보내신 분은 네가 다메섹으로 가는 길에서 만나서 알게 된became acquainted 바로 그분이다." 거듭난다는 것은 예수 그리스도를 알게 되는 것입니다. 아나니아는 사울에게 시력을 회복할 것이라고 말합니다. 사울은 하나님의 영광으로 인해 눈이 멀었었습니다(행 9:3). 질병으로 눈이 멀었던 것이 아닙니다.

다시 본주제로 돌아가서 사도행전 9장 17절의 마지막 부분을 보면, 사울을 **성령으로 충만하게 하려고** 아나니아를 보내셨다고 말합니다. 사울이 체험한 성령충만은 사마리아 사람들이 베드로와 요한을 통해 얻었던 체험과 같은 것입니다.

성경에 나타난 이런 사례를 통해 교회의 머리이신 예수 그리스도께서는 우리에게, 성령 또는 성령세례를 받는 체험은 그리스도를 알게 된 이후에 받게 되는 별도의 체험이라는 것을 말씀하고 계십니다.

사도행전 9장에는 사울이 성령충만을 받고 방언을 말했다는 기록이 없지만, 그가 고린도전서에서 한 말을 고려하면 그가 방언을 말했을 것으로 짐작할 수 있습니다. "내가 너희 모든 사람보다 방언을 더 말하므로 하나님께 감사하노라"(고전 14:18). 그도 다른 사도들처럼 성령충만을 받았을 때 방언을 말하기 시작했음이 틀림없습니다.

지금까지 말씀드린 성경의 확정적인 사례를 통해서 방언이 수반되는 성령세례는 거듭남의 체험과는 뚜렷이 구별되는 다른 체험이라는 것을 알 수 있습니다. 우리와 하나님과의 관계가 시작되고 하늘나라를 우리의 고향이 되게 하는 데에 거듭남의 체험이 꼭 필요한 것은 분명하지만, 여기에 더해서 이 땅에서 보다 깊은 차원의 삶을 살며 하나님께서 우리의 사역을 위해 공급하시는 능력을 받는 삶을 사는 것도 필요합니다.

제 11 장

성령께서 거하시는 곳

성령에 관한 말씀을 좀 더 살펴보고 싶습니다. 고린도전서 3장 16절을 보십시오. "너희가 하나님의 성전인 것과 하나님의 성령이 너희 안에 계시는 것을 알지 못하느냐."

확대번역 성경은 이 말씀을 좀 더 자세히 설명합니다.

> 너희들은 너희[고린도교회 전체]가 하나님의 성전(그의 성소)인 것과 하나님의 성령이 너희 안에 영원토록 거하시는 것[즉 개별적인 각각의 사람 안과 또는 너희 전체 안에 거하시는 것을] 이해하지도 분별하지도 못하느냐 고전 3:16 (확대번역)

이제 고린도전서 6장 19절을 보십시오. 바울은 이번엔 교회가 아니라 개인에게 이 말을 합니다. "너희 몸은 너희가 하나님께로부터 받은 바 너희 가운데 계신 성령의 전인 줄을 알지 못하느냐? 너희는 너희 자신의 것이 아니라"(고전 6:19).

우리의 몸과 교회가 성령이 거하시는 성전이라고 말하고 있습니다. 이제부터 성령이 거하시는 곳, 즉 우리 몸과 교회(지역교회와 우주적인 교회)에 대해서 말씀드리려고 합니다.

우리 각 개인 안에 거하심

바울은 고린도 교회 교인에게 쓴 편지에서 이런 내용에 대해 좀 더 자세히 이야기하고 있습니다.

> 너희는 믿지 않는 자와 멍에를 함께 메지 말라 의와 불법이 어찌 함께 하며 빛과 어두움이 어찌 사귀며 그리스도와 벨리알이 어찌 조화되며 믿는 자와 믿지 않는 자가 어찌 상관하며 하나님의 성전과 우상이 어찌 일치가 되리요 우리는 살아 계신 하나님의 성전이라 이와 같이 하나님께서 이르시되 내가 그들 가운데 거하며 두루 행하여 나는 그들의 하나님이 되고 그들은 나의 백성이 되리라 고후 6:14-16

이 말씀을 좀 더 자세히 봅시다. 바울이 고린도 교회에게 쓴 이 편지에는 개인적인 적용은 물론 그리스도의 몸 전체 또는 전체 집단에게 주는 집단적인 적용도 들어있습니다.

바울은 먼저 고린도 교회 교인에게 이렇게 말하고 있습니다. "너희는 믿지 않는 자와 멍에를 함께 메지 말라…"(14절). 믿는 자는 믿는 자이며 믿지 않는 자는 믿지 않는 자입니다. 매우 간단한 것이지요. 그렇지 않습니까?

"의와 불법이 어찌 함께 하며"(14절). 이 부분에서 믿는 자를 의로운 자라고 묘사하고 있습니다. 이미 성경은 믿는 자가 의로운 자라고 말하고 있습니다. 고린도후서 5장 21절은 이렇게 말합니다. "하나님이 죄를 알지도 못하신 이를 우리를 대신하여 죄로 삼으신 것은 **우리로 하여금 그 안에서 하나님의 의가 되게 하려 하심이라**"(고후 5:21). 이 말씀에 근거해서 바울은 의와 불법이 어찌 교제를 하겠느냐고 묻고 있는 것입니다. '의'는 믿는 자를 말하는 것이며, '불법(불의)'은 믿지 않는 자를 가리킵니다.

바울은 이어서 말합니다. "빛과 어두움이 어찌 사귀며"(14절). '빛'은 믿는 자를 말하고 '어두움'은 믿지 않는 자를 말합니다. "그리스도와 벨리알이 어찌 조화되며"(15절). 믿는 자를 그리스도라 부르며 그리스도와 동일시하는 것과, 믿지 않는 자를 '벨리알'이라 부르는 것에 주목하십시오. "믿는 자와 믿지 않는 자가 어찌 상관하며"(15절). 여기서도 '믿는 자'는 믿는 자를 말하며, '믿지 않는 자'는 말 그대로 믿지 않는 자를 말합니다. "하나님의 성전과 우상이 어찌 일치가 되리요"(16절). 믿는 자는 '하나님의 성전'으로 불리고 있고, 믿지 않는 자는 '우상'으로 불리고 있습니다.

이어지는 말씀에 주목하십시오. "우리는 살아 계신 하나님의 성전이라 이와 같이 하나님께서 이르시되 내가 그들 가운데 거하며 두루 행하여 나는 그들의 하나님이 되고 그들은 나의 백성이 되리라"(16절). 할렐루야! 하나님께서는 성령을 통해 우리 안에 거하시고 우리와 함께 살고 계십니다.

확대번역본 성경은 이 말씀을 이렇게 번역하고 있습니다. "하나님께서 우리에게 '나는 저희 안에, 저희와 함께, 저희 중에 거할 것이다. 나는 저희 안에, 저희와 함께, 저희 중에 행할 것이다. 나는 저들의 하나님이 되고, 저들은 나의 백성이 될 것이다'라고 말씀하신 대로, 우리는 살아 계신 하나님의 성전이다."

하나님께서는 우리 각 개인 안에 내주하실 뿐 아니라 동시에 교회 전체 안에도 내주하십니다. 믿는 자 각 사람이 하나님의 성전이기도 하며, 믿는 자들의 집합인 교회 역시 하나님의 성전입니다.

놀라운 말씀인 요한일서 4장 4절 말씀도 같은 의미의 말씀입니다. "자녀들아 너희는 하나님께 속하였고 또 그들을 이기었나니 이는 너희 안에 계신 이가 세상에 있는 자보다 크심이라"(요일 4:4).

우리 몸은 하나님의 집입니다

먼저 성령의 전이며 하나님의 집인 우리의 몸에 대해 생각해 봅시다. 하나님과 우리의 신약적 관계에 대하여 저는 세 가지를 말하고 싶습니다. (히브리서 8장 6절에 따르면 우리는 구약의 사람들에 비해 더 나은 약속을 가지고 있습니다.)

첫째로, 하나님은 우리를 위해 계십니다. 로마서 8장 31절을 보십시오. "만일 하나님이 우리를 위하시면 누가 우리를 대적하리요"(롬 8:31). 하나님께서 구약시대의 백성들을 보호하시고 그들에게 복 주신 것처럼, 우리들도 보호하시고 복 주신다는 것을 신약은 확증하고 있습니다.

하나님은 우리 편이시고, 우리도 그의 편입니다. 하나님이 우리 편이시므로, 만일 우리가 하나님께 우리 길을 맡기는 것을 배우기만 한다면 우리 삶에 더 이상 실패는 없을 것입니다. 왜냐하면 하나님에겐 실패가 없으니까요. 그렇지 않습니까?

하나님의 도움이 없다면 실패할 수 있습니다. 하나님의

도움이 없으면 우리 스스로의 힘으로 일을 해결해야 하니까요. 하지만 하나님이 우리 편이 되도록 한다면 인생에서의 성공은 보장된 것입니다. 하나님은 실패가 없으십니다.

둘째로, 성경은 하나님께서 우리와 함께 하신다고 말합니다. (구약시대에도 하나님은 이스라엘과 함께 하셨습니다.) 우리가 하나님과 동역하고 하나님께 우리 길을 맡긴다면, 하나님이 우리와 함께 하시므로 우리는 성공할 수밖에 없습니다. 우리가 하나님과 분리된다면 우리는 하나님의 도움을 받지 못할 것입니다. 그러나 감사하게도 하나님은 우리를 돕는 분이시며, 우리와 함께 하십니다!

하나님이 이스라엘과 함께 하시고 그들의 편이셨던 것처럼, 하나님은 우리와 함께 하시며 또한 우리 편이십니다. 게다가 우리가 하나님과 맺은 언약은 구약시대의 것보다 더 나은 것입니다.

세 번째로 하나님께서는 우리 안에 거하십니다! 구약시대에 하나님의 백성들은 하나님께서 거하실 성전을 지었습니다. 처음에는 장막을 지었고 나중에는 성전을 지었습니다. 장막에나 성전에나 하나님은 오직 지성소 안에만 계셨습니다. 유대인들은 하나님의 임재를 "쉐키나 영광"이라고 불렀습니다. 아무도, 심지어 대제사장도 특별한 상황을 제외하고는 그 곳에 접근할 수 없었습니다. 함부로 접근했다가는 즉시 죽었기 때문입니다.

유대인 남자들은 매년 한 번씩 성전에 나와 하나님의 임재 앞에 모습을 나타내야 했습니다. 그러나 새로운 언약 아래서는, 하나님은 더 이상 사람이 지은 성전에 거하시지 않습니다! 그분은 우리 믿는 자 각각의 안에 항상 거하십니다!

가끔 우리는 교회 건물을 성전이라고 부르기도 합니다. 하나님께 예배를 드리기 위한 장소로 사용하기 위해 하나님의 영광을 위하여 건물을 짓고 그렇게 부른다면 별문제가 없지만, 하나님이 그곳에 거하신다고 생각해서 성전이라고 부른다면 그것은 잘못된 것입니다.

교회 건물은 우리에게 속한 것이지만 하나님은 그 건물 안에 거하시지 않습니다. 하나님은 그리스도의 몸인 교회 안에 거하십니다. 몸 된 교회가 이 시대의 하나님의 성전입니다. 그리고 하나님은 우리 각 개인 안에도 거하십니다.

'다 이루었다'

요한복음 19장 30절을 보면 예수님이 십자가에 달려 돌아가셨을 때, 놀라운 일이 일어났습니다. 예수님께서는 그때 "다 이루었다."라고 소리치셨습니다. 사람들은 예수님의 그 말씀이 구속사역이 다 끝났음을 말씀하시는 것이라고 오해를 합니다. 아닙니다. 그런 뜻으로 말씀하신 것이 아닙니다. 구속사역은 예수님이 죽으시고 부활하셔서 가장 거룩한 하늘로 승천하셨을 때 비로소 끝난 것입니다. 그래서 히브리서 9장 12절에서 말한 대로 그의 피로 영원한 속죄를 이루셨다고 말하는 것입니다.

그렇다면 십자가에서 하신 '다 이루었다' 라는 말씀의 뜻은 무엇일까요? 성경말씀을 자세히 보면 예수님께서 이 말씀을 하시고 영혼이 떠나셨을 때, 지성소를 막아 하나님의 임재를 가둬두었던 성소의 휘장이 위로부터 아래로 찢어져서 둘로 나눠진 것을 알 수 있습니다(마 27:50-51, 막 15:37-38, 눅 23:45-46, 요 19:30 참조).

성경은 그 휘장이 아래에서부터 위로 찢어진 것이 아니라, 위에서부터 아래로 찢어졌다고 말하고 있습니다. 눈에 보이지 않는 어떤 존재, 즉 하나님의 천사가 공중 6미터 정도 위에서부터 그 휘장을 잡고 손으로 위에서부터 아래로 찢어내린 것입니다. 장막이 찢어진 이후로 하나님은 더 이상 사람이 만든 지성소에 계시지 않고 그리스도의 몸인 믿는 자안에 내주하시게 된 것입니다!

구약시대에 하나님의 영광스런 임재는 이스라엘 사람을 위한 것이었고 오직 그들에게만 함께 했었지만, 이제는 그 놀라운 하나님의 영광의 임재가 우리에게 허락되었고 우리와 함께 하게 되었습니다! 요한일서 4장 4절을 보십시오. "…너희 안에 계신 이가 세상에 있는 자보다 크심이라"(요일 4:4). 저는 이 말씀을 고백할 때마다 전율을 느낍니다. 오! 만일 우리가 우리 안에 계신 분이 누구신지, 우리 안에 무엇을 가졌는지, 우리가 소유한 능력이 어떤 것인지를 제대로 알기만 한다면 우리는 로켓처럼 하늘을 날아오르게 될 것입니다!

저는 제 인생에서 어려운 상황에 놓이게 되었을 때, 그 인생의 폭풍 가운데 담담히 서서 조용히 "내 안에 계신 이가 세상에 있는 자보다 크시다."라고 말하면, 나는 즉시 승리하게 된다는 것을 알게 되었습니다.

우리 모두는 누구나 인생에서 어려운 상황에 처할 때가 있습니다. 그 누구도 예외가 없습니다. 이 세상 신은 사탄이므로(고후 4:4), 이 세상에 사는 한 우리 모두에게는 위기가 찾아옵니다. 우리는 어두움에 둘러싸여 있습니다. 그 어떤 다른 존재가 아니라 바로 사탄이 우리들을 찾아와 압박을 가하는 것입니다.

하지만 사랑하는 여러분, 이것을 기억하십시오. 사탄이 우리에게 가져오는 시험이 어떤 것이든, 성령께서는 그것들보다 더 크십니다! 그것들이 질병이든, 약함이든, 귀신들림이든, 악한 영이든, 무엇이든 마찬가지입니다. 성령님은 그 무엇보다도 크신 분이십니다.

그 크신 분이 우리 안에서 무엇을 하실까요? 마치 지나가는 자동차를 세워 얻어 타는 사람들처럼, 그분은 우리 안에서 평생 묻어가고 계신 분일까요? 아닙니다! 성령께서는 우리 안에 계셔서 우리가 인생에서 성공하도록 해주시는 분입니다. 우리 안에서 우리를 도우시는 분입니다.

보혜사 성령께서 하시는 일

요한복음 14장 16절을 보십시오. "내가 아버지께 구하겠으니 그가 또 다른 보혜사를 너희에게 주사 영원토록 너희와 함께 있게 하리니"(요 14:16). 킹제임스 영어 성경에서는 헬라어 "파라클레트paraclete"를 보혜사Comforter, 위로하시는 분라고 번역했습니다. 많은 다른 영어 성경에서는 이 단어를 도우시는 분helper이라고 번역합니다. "파라클레트"라는 단어의 원어적인 의미는 "옆에서 도우시는 분"이라는 뜻입니다. 그러나 성령께서는 단순히 우리를 옆에서 도우실 뿐 아니라, 우리 안에 거하십니다.

저는 이 구절의 확대번역본을 좋아합니다. 이 번역을 보면 보혜사Comforter 성령께서 어떤 분이신지 좀 더 정확히 알 수 있습니다.

내가 아버지께 구할 것이다. 그러면 아버지께서 너희에게 또 다른 보혜사(상담자, 돕는 자, 중보자, 변호자, 능력 주는 자, 그리고 비상대기자)를 보내주실 텐데, 그분은 영원히 너희와 함께 계실 것이다 요 14:16 (확대번역)

위의 성경구절에서 "보혜사"라는 단어는 이 모든 뜻을 가지고 있습니다. 그리고 그분이 내 안에 계십니다! 그분은 능력 주는 자로서 내 안에 거하십니다. 그리고 그분은 비상대기자로서 내 안에 거하십니다. "비상대기자"가 무슨 뜻일까요? 여러분들이 평탄한 삶을 사는 동안에는 성령님의 도우심을 특별히 필요로 하지 않을 수 있습니다. 그러나 어려운 시절이 닥치면 그분의 "비상대기"가 간절히 필요하게 될 것입니다!

비상대기자

오래 전에 집회를 인도하며 아내와 함께 교회들을 방문하고 있었습니다. 한 교회에서 대개 3주에서 9주 정도를 머무르며 집회를 인도하곤 했는데, 그 기간 동안 모텔생활을 하는 것에 싫증이 나서 이동식 트레일러를 하나 샀습니다. 우리는 약 8미터정도 되는 트레일러를 차로 끌고 다니며 여행을 했습니다. 이것은 우리에게 많은 즐거움을 안겨 주었습니다.

그 당시 연료가격이 지금처럼 비싸지는 않았지만, 연료를 좀 더 절약하려고 2기통 엔진 차를 사서 트레일러를 끌고 다녔습니다.

캔자스 주의 평원지역을 여행할 때는 트레일러를 끌고 다니는데 아무런 문제가 없었지만, 언덕이 많은 록키산맥에서는 자동차의 힘이 약해 중간에 서 버리는 경우가 있었습니다. 제 자동차는 2기통 엔진이라, 평소보다 힘이 많이 필요할 때 사용할 여력이 없었습니다.

고속도로가 생기기 전에 트레일러를 끌고 서부지역으로 여행하고 있었을 때였습니다. 길가에서 도로작업을 하는 사람들을 발견하고 속도를 줄였는데, 한 번 속도를 늦추자 속도를 회복하지 못하고 목적지까지 가는 동안 내내 시속 10km 정도로 달릴 수밖에 없었습니다. 좀 더 빨리 달려보려고 하면 변속기가 고단 기어로 올라가고 엔진에 무리가 왔습니다. 그 차는 고단 기어에서 트레일러를 끌만한 충분한 힘이 없었습니다. 그래서 저는 기어를 낮게 하고, 시속 10km 정도로 기듯이 언덕을 오를 수밖에 없었습니다.

결국 그 자동차를 팔아버리고 새로 4기통 엔진 자동차를 샀습니다. 이 차는 예전의 차에 비해 힘이 더 좋은 차였습니다. 트레일러를 끌고 평지나 오클라호마 지역의 낮은 언덕길을 달릴 때는 예전의 차와 별 차이가 없었습니다. 자동차가 가진 여분의 힘을 사용할 필요가 없었기 때문입니다. 그러나 록키산맥에서는 정말 대단한 위력을 발휘했습니다! 가속페달을 밟자, 자동차가 가지고 있던 여분의 힘으로 단번에 언덕 위로 올라섰습니다! 예전과 같은 현상은 전혀 없었습니다.

사랑하는 여러분, 평원지역처럼 평탄한 인생길이나 작은 어려움 속에서는 여분의 힘을 사용할 필요가 없습니다. 물론 그때도 자동차는 그 여분의 힘을 가지고 있습니다. 그러나 험준한 지역으로 접어들었을 때 가속페달을 깊숙이 밟으면 여분의 힘으로 즉시 벗어나게 되는 것입니다.

이것이 성경에서 성령님을 비상대기자라고 말한 의미입니다. 그리고 그 비상대기자가 우리 안에 계십니다! 우리가 인생에서 험준한 산악지역과 같은 힘든 시간을 맞게 될 때, 그분은 우리를 돕기 위해 대기하고 계십니다.

인생의 어려운 순간을 맞을 때에, 저는 전혀 염려되지 않습니다. 제 안에 비상대기자를 모시고 있음을 알기 때문입니다. 할렐루야!

제 인생을 돌아보아도, 성령께서 제게 비상대기자의 역할을 하셨던 때를 기억할 수 있습니다. 평탄하고 문제없는 삶을 살 때는 제 속에 성령님이 계신 것을 거의 인식하지 못했습니다. 그러나 제가 어려움에 부딪혔을 때, 그분은 바로 그 곳에서 저를 돕기 위해 기다리고 계셨습니다. 하나님께서 비상대기자가 되심을 감사드립니다!

이제는 제 인생에 폭풍이 일기 시작해도 염려하지 않습니다. 저는 비상대기자이신 성령님께서 제 안에 계신 것을 알기 때문입니다. 하나님을 찬양합니다! "…너희 안에 계신 이가 세상에 있는 자보다 크심이라"(요일 4:4). 시련의 폭풍이 불면 우리들은 그 폭풍을 향해 마주서서 이렇게 말할 수 있습니다. "더 크신 분이 내 안에 계신다. 그분이 나를 성공하게 하실 것이다! 그분이 나를 돌보실 것이다! 나는 그분을 신뢰한다!"

제 12 장

성령께서 거하시는 성전인 교회

성령께서 우리 각 개인 안에 거하시는 모습을 보았습니다. 이제부터는 성령께서 거하시는 성전으로서의 교회, 즉 그리스도의 몸 된 전체로서의 교회 안에 거하시는 성령님에 대해 살펴보려고 합니다. 고린도전서 3장 16절의 확대번역 성경은 다음과 같습니다.

> 너희들은 너희[고린도교회 전체]가 하나님의 전(그의 성소)인 것을 이해하지도 분별하지도 못하느냐… 고전 3:16 (확대번역)

히브리서 3장 1-6절을 보십시오.

그러므로 함께 하늘의 부르심을 받은 거룩한 형제들아 우리의 믿는 도리(원어의 의미는 '고백')의 사도이시며 대제사장이신 예수를 깊이 생각하라 저가 자기를 세우신 이에게 신실하시기를 모세가 하나님의 온 집에서 한 것과 같이 하셨으니 그는 모세보다 더욱 영광을 받을 만한 것이 마치 집 지은 자가 그 집보다 더욱 존귀함 같으니라 집마다 지은 이가 있으니 만물을 지으신 이는 하나님이시라 또한 모세는 장래에 말할 것을 증언하기 위하여 하나님의 온 집에서 종으로서 신실하였고 그리스도는 하나님의 집을 맡은 아들로서 그와 같이 하셨으니 우리가 소망의 확신과 자랑을 끝까지 굳게 잡고 있으면 우리는 그의 집이라 히 3:1-6

디모데전서 3장 15절을 보십시오.

만일 내가 지체하면 너로 하여금 하나님의 집에서 어떻게 행하여야 할지를 알게 하려 함이니 이 집은 살아 계신 하나님의 교회요 진리의 기둥과 터이니라 딤전 3:15

우리는 하나님의 집에 대해서 말하고 있습니다. 신약에서 하나님의 집은 교회를 말합니다. (고린도전서 12장 27-28절에서 "너희는 그리스도의 몸이요 지체의 각 부분이라. 하나님이 교회 중에 몇을 세우셨으니…"라고 말하는 것을 기억하십시오.)

그러면 고린도전서 3장으로 다시 돌아가서 확대번역으로 다음 구절을 봅시다.

> 너희들은 너희[고린도교회 전체]가 하나님의 전(그의 성전)인 것과 하나님의 성령이 너희 안에 영원토록 거하시는 것을 [교회 전체로서의 너희와 개인으로서의 너희 안에 모두 거처를 삼으신 것을] 이해하지도, 분별하지도 못하느냐? 고전 3:16 (확대번역)

믿는 자들의 집합체인 교회 안에 거하시는 성령

믿는 자 각 개인 안에 거하시는 성령은 우리 믿는 자의 집합체인 교회 안에도 거하십니다. 고린도전서 3장 16절에서 바울은 전체로서의 교회를 말하고 있는 것입니다. 그 당시 고린도 성에는 교회 건물들이 있었습니다. 그러나 바울이 말하는 것은 사람이 만든 그런 건물이 아니었습니다. 믿는 자들이 모이는 곳이면 어디든지 그 모임이 하나님의 성전이 되는 것입니다. 이와 관련된 예수님의 말씀이 있습니다. "진실로 다시 너희에게 이르노니 너희 중에 두 사람이 땅에서 합심하여 무엇이든지 구하면 하늘에 계신 내 아버지께서 그들을 위하여 이루게 하시리라. 두세 사람이 내 이름으로 모인 곳에는 나도 그들 중에 있느니라"(마 18:19-20). "…너희 안에 계신 그리스도시니 곧 영광의 소망이니라"(골 1:27). 골로새서에서 말하고 있는 것처럼 하나님은 우리 각 개인 안에 거하시지만, 동시에 믿는 자들의 집합체인 교회 가운데에도 거하십니다. 이것을 말하고 있는 고린도후서 6장 16절을 확대번역 성경으로 다시 읽어 봅시다.

> 하나님과 우상 사이에 무슨 관계가 있겠느냐. 우리는 살아계신 하나님의 성전이므로 하나님께서 이렇게 말씀하셨느니라. 내가 저희들 안에 그리고 저희들 중에 거할 것이다. 또한 저희 안에서 행할 것이며, 저희 중에서 행할 것이다. 나는 저들의 하나님이 될 것이며, 저들은 내 백성이 되리라 고후 6:16 (확대번역)

믿는 자 개개인의 몸은 살아 계신 하나님의 성전이지만, 믿는 자들의 집합체인 교회도 하나님의 성전입니다. 우리가 읽은 본문에 따르면, 하나님께서는 "내가 저희들 안에 그리고 저희들 중에 거할 것이다."라고 말씀하셨습니다. 하나님께서는 이렇게 말씀하고 계십니다. "나는 저희들 안에 그리고 저희들 중에서 살 것이다."

하나님께서는 믿는 자 각 개인을 통하여 자신을 나타내시기 원하실 뿐 아니라 또한 믿는 자들의 집합체인 우리들 중에서 자신을 나타내기를 원하십니다. 거듭나고 성령세례를 받은 믿는 자 안에는 기름부음이 있습니다. 그리고 그리스도의 몸에 선물로 주신 사역의 은사들을 받은 자들은 그 특정한 직분을 수행하기 위한 기름부음을 가지고 있습니다. 이와 마찬가지로 소위 집합적인 기름부음corporate anointing이 우리 중에 있습니다. 우리가 이런 집합적인 기름부음을 알고, 하나님과 그분의 기름부음과 함께 동역한다면 놀라운 일이 일어나게 될 것입니다.

집합적인 기름부음은 치유를 가져옵니다

오클라호마주 브로큰애로우 지역에 있는 우리 치유학교를 찾아왔던 한 부인이 있었습니다. 그 부인은 미네소타주 로체스터에 있는 메이요 클리닉을 찾아가는 길에 잠시 들렀던 것입니다. 그녀의 담당의사가 그녀의 치료기록을 그녀에게 주면서 메이요 클리닉을 찾아가도록 권했습니다. 그녀는 6개월 전에 수술을 받았는데 의사가 실수로 식도를 절개하는 바람에 아무것도 삼키지 못하는 상태가 되었습니다. 6개월 동안 음식을 삼키지 못하게 되자 그녀는 약 40kg의 체중을 잃었습니다.

저는 그녀가 치유학교가 열리는 강당의 뒷자리에 앉아 있는 것을 보았습니다. 그녀는 입으로 음식을 먹지 못하기 때문에 코 안쪽에 삽입된 튜브를 통해 액체로 된 음식을 공급받고 있었습니다.

우리는 나중에 그녀의 목에 매우 뚜렷한 절개 흉터가 남아 있음을 알게 되었습니다. 의사는 그녀를 치료하기 위해 열한 번이나 절개를 했습니다. 그러나 성공하지 못하자 그녀를 메이요 클리닉으로 보내어 치료해보려고 한 것입니다.

그날 치유학교에서는 성령의 임재가 매우 강하여, 정말 실재적이었습니다. 제가 회중들을 둘러보았을 때 그 방 안에 하나님의 영광이 나타나서, 마치 안개와 같은 것이 사람들 머리 위에 머무는 것처럼 보였습니다.

제가 집회에 참석한 성도들에게 이렇게 말했습니다. "하나님께서 이곳에 계십니다. 하나님을 찬양합니다. 여러분의 손을 뻗어 신유를 취하세요."

그날 저는 그녀를 위해 안수기도를 한 적이 없었습니다. 후에 그녀가 간증하기를, 그녀는 제가 손을 뻗어 치유하심을 받으라고 말했을 때 스스로 이렇게 말했습니다. "나도 신유를 받고 말거야. 하나님이 주시는 치유하심을 이제 받았습니다. 치유하신 주님께 영광을 돌립니다." 그리고 그녀는 손으로 코 안에 삽입된 튜브를 빼버렸습니다.

6개월 동안 전혀 먹지 못하던 그녀는 치유집회가 끝나자마자 길 건너 멕시코 음식점에 가서 멕시코 음식을 2인분이나 거뜬히 먹었습니다. 완전히 치유 받은 것입니다. 그리고 며칠 후에 이러한 일들을 간증했습니다.

6개월 동안 아무것도 먹지 못하던 그녀가 멕시코 음식 2인분을 먹었다면 완전히 치유 받은 것이 틀림없습니다! 어떻게 치유의 능력이 그녀에게 임해서 이렇게 건강하게 되었을까요? 집단적인 기름부음이 그렇게 한 것입니다. 집단적인 기름부음은 개인에게 임하는 기름부음보다 크고 강력합니다.

성령님은 우리 안에 계십니다. 우리가 우리 안에 계신 성령님의 존재와 나타나심을 인식하는 것처럼, 집합적인 우리 가운데 임하시는 성령님도 인식할 수 있어야 합니다.

우리 육신이 느낄 수 있도록 나타나심

그녀가 치유 받던 날 치유학교에는 하나님의 임재가 강하게 나타났습니다. 그것은 마치 칼로 자를 수도 있을 정도로 실재적이었습니다. 그것은 마치 구름 같은 모습이었습니다. 구약성경에는 하나님의 영광이 하나님의 집에 임했을 때 마치 구름 같았다는 표현이 있습니다. 그 영광은 그 집과 섬기는 자, 대제사장을 덮어 그들은 더 이상 예배를 드리기 위해서 있지 못할 정도였습니다. 솔로몬이 성전을 지어 봉헌할 때 이런 일이 있었습니다. 그 당시에는 그 성전이 하나님의 집이었습니다. 그러나 이 시대에는 우리들이 하나님의 집입니다.

그런데 주목해야 할 것은 하나님께서 성전에 계시든지 우리 안에 계시든지 관계없이, 하나님의 영광이 어떻게 그 집에 가득하게 되는가 하는 것입니다. 역대하 5장을 보십시오.

이 때에는 제사장들이 그 반열대로 하지 아니하고 스스로 정결하게 하고 성소에 있다가 나오매 노래하는 레위 사람 아삽과 헤만과 여두둔과 그 아들들과 형제들이 다 세마포를 입고 제단 동쪽에 서서 제금과 비파와 수금을 잡고 또 나팔 부는 제사장 백이십 명이 함께 서 있다가 나팔 부는 자와 노래하는 자들이 일제히 소리를 내어 여호와를 찬송하며 감사하는데 나팔 불고 제금 치고 모든 악기를 울리며 소리를 높여 여호와를 찬송하여 이르되 선하시도다 그 자비하심이 영원히 있도다 하매 그때에 여호와의 전에 구름이 가득한지라 제사장들이 그 구름으로 말미암아 능히 서서 섬기지 못하였으니 이는 여호와의 영광이 하나님의 전에 가득함이었더라 대하 5:11-14

나팔 부는 자와 노래하는 자가 일제히 소리를 내어 하나님께 감사하고 찬양할 때에 하나님의 영광이 하나님의 집을 가득 채웠다고 말하고 있는 것에 주목하십시오. 온 회중이 하나님을 찬양하고 감사하는 일에 하나가 될 때 하나님의 영광이 그 집을 가득 채웠던 것입니다.

할렐루야! 그 당시에 영광으로 그 집을 가득 채우셨던 하나님은 지금도 자신의 집을 영광으로 가득 채우기를 원하십니다. 그리고 종종 그 영광은 눈에 보이게 나타납니다.

믿는 자들의 모임

사역을 시작한지 12년이 지나는 동안 저는 많은 교회를 담임하며 목회를 했습니다. 그 당시 제가 소속되어 있던 순복음교단에서는 소속교회의 담임목사를 자주 바꾸는 것이 관행이었기 때문입니다. 그런데 제가 담임했던 교회 중 오직 한 교회에서만 제가 치유학교에서 했던 바로 그런 예배를 드렸었습니다. 그 교회에서만 비슷한 일이 일어난 것입니다. 그 교회는 제가 영적으로 그렇게 할 수 있었던 유일한 교회였습니다.

때로는 주일 오전에 그런 예배를 드리곤 했습니다. 그 당시 (1939년 또는 1940년) 주일 오전예배에는 등록된 교인들만이 참석했었습니다. 주일에는 먼저 성경공부를 마친 후 오전 11시에 예배를 드렸는데, 등록된 교인 외에 교회를 방문하는 사람들이 이 예배에 참석하는 경우는 매우 드물었습니다.

　주일 저녁에는 전도집회를 가졌는데, 예배당은 사람들로 가득 차서 서 있는 사람들도 있었습니다. 날씨가 좋으면 창문을 열고 예배를 드렸습니다. (그 당시에는 예배당에 에어컨이 없었습니다.) 어떤 날에는 예배당 밖에서 예배드리는 사람들의 숫자가 안에서 예배드리는 사람들보다 많았습니다. 예배당의 뒤쪽 벽에 있는 창문 밖으로 교회 앞길까지 사람들이 늘어선 것을 볼 수 있었습니다. 그 사람들은 창문을 통해 안을 들여다보고 있었습니다. 예배당은 사람들로 가득 차서 넘쳤습니다.

　하지만 주일 오전예배는 말 그대로 우리끼리만 드리는 예배였습니다. 그때 저는 21살이었고 성령세례를 받은 지 얼마 되지 않았던 때였습니다. 저는 나중에야 성령의 나타남이 없었던 이유가 제가 한 어떤 일 때문이었다는 것을 알았습니다. 어쨌든 저는 성령께 무의식적으로 순종하려는 중이었습니다.

　그 당시 순복음교회에 다니던 사람들은 교회에 갈 때마다 간증을 해야 하는 것으로 알았으며, 간증을 하지 않으면 문제가 있는 것으로 취급받았습니다. 그래서 사람들을 간증하도록 불러내는 일은 항상 있는 일이었습니다.

　그러나 저는 그때 성도들에게 이렇게 말했습니다. "저는 간증하라고 불러내는 것을 하지 않겠습니다. 그저 앉아서 성령께서 이 예배시간을 인도하시도록 내어드리겠습니다." 저는 이런 예배를 "믿는 자들의 예배"라고 불렀습니다. 항상 이렇게 해야 한다고 말하는 것은 아닙니다. 그러나 제가 5천명의 성도들이 모이는 교회를 담임하더라도 적어도 일주일에 한 번은 이런 시간을 가져야겠다고 확신하고 있었습니다.

여하튼 그때 제가 이렇게 말했습니다. "이 예배시간을 성령님께 드립니다. 누구든 부르고 싶은 찬양이 있으면 부르고 간증을 하고 싶으면 앞으로 나가서 간증하십시오. 성령께서 하라고 하시는 대로 말씀을 전하거나 방언으로 말하십시오. 성령의 인도하심을 따라 방언을 통역하거나 예언을 해도 좋습니다. 성령의 인도를 따라 춤을 추셔도 됩니다. 무엇이든 성령의 인도를 따르십시오. 이 예배시간을 성령님께 드립니다." 이렇게 말한 뒤에 저는 자리에 앉았습니다.

다만 하나님께서 저를 그 교회의 목사로 부르셨으므로 저는 그 모든 예배순서들이 잘 진행되도록 관리했습니다. 사람들이 무질서하게 행동하면 제가 일어서서 바로잡았습니다. 그러나 그렇게 무질서하게 되는 일은 거의 없었습니다. 대개 저는 자리에 앉아 있기만 하면 되었습니다.

이런 식으로 우리는 매우 놀랍고도 인상적인 예배를 드렸습니다. 방언으로 설교가 진행되었고 통역도 있었습니다. 노래를 부르며 하나님께 예배를 드렸습니다. 박수를 치며 주님을 찬양했습니다. 어떤 때는 회중의 반 이상이 일어나 춤을

춘 때도 있었습니다. 그러나 그렇게 춤을 추었던 때보다는 모든 성도들이 아무 말도 않고 조용히 있었던 때가 있었는데 그때가 가장 기억에 남습니다.

성령의 인도하심이 잠잠해지면 대개 12시쯤 예배를 끝냈습니다. 성도들을 하루 종일 교회에 붙잡아둘 필요는 없겠지요. 그런데 언젠가 1시 30분 이후까지 교회에 머물렀던 때가 있었습니다. 그날 하나님의 임재하심이 마치 안개가 가득한 것처럼 교회를 가득 채웠습니다. 영광이 가득했고 하나님의 잠잠케 하심이 있었습니다.

그때에는 자녀들을 위한 성경공부 모임이나 유아들을 돌보는 봉사가 없었으므로 우리는 자녀들과 함께 모두 예배당 안에 모여 있었습니다. 그런데도 불구하고 예배당은 거룩한 조용함이 가득했습니다. 45분 내지 1시간을 그렇게 앉아 있었습니다. 모두들 말 한마디 하지 않고 앉아 있었습니다. 아이들도 젖먹이들도 예외 없이 조용히 있었습니다. 그들도 성령의 임재하심을 느꼈습니다. 마치 우리 모두는 하나님의 사랑의 햇살이 따뜻하게 비추는 커다란 바구니 안에 담겨서, 그것에 잠겨 있는 듯한 느낌이었습니다. 아무도 움직이지 않았습니다.

물론 매주 또는 매월, 매분기마다 그런 예배를 드린 것은 아니었습니다. 다양한 형태의 예배를 드렸습니다. 언뜻 생각하면, 예배가 매번 다른 모습으로 드려졌다고 생각될 정도였습니다. 6개월에 한 번 또는 점점 횟수를 늘려서 우리는 그런 예배를 드렸습니다. 회중들은 그런 식으로 앉아 있었습니다. 아무말 없이 거룩한 침묵으로 앉아 있었습니다.

어느 날 이런 식의 예배가 드려지고 있었을 때 교인 중 한 사람의 남편이 그녀를 데리러 왔었습니다. 그는 아직 구원받기 전이었으므로 아내를 데려다주고 다른 곳에 갔다가 예배가 끝날 시간에 아내를 데리러 온 것이었습니다.

그 사람이 그후 다음과 같이 간증했습니다. 그가 교회 주차장에 도착해서 잠깐 동안 그곳에 머물러 있었는데 사람을 전혀 볼 수 없었고, 차의 창문을 열었는데도 아무 소리가 들리지 않았습니다. 차에서 내려서 교회 예배당 쪽으로 걸어왔는데 교회창이 불투명한 것이어서 들여다 볼 수 없었고, 예배당 안쪽으로 귀를 기울였는데 아무 소리도 듣지 못했습니다. 모든 것이 조용했습니다. 주차장에 교인들이 타고 온 차가 모두 그대로 있었으므로 교인들이 집으로 돌아간 것은 아니라고 생각한 그는 아마도 휴거가 일어나서 모든 사람이 하늘나라로 들려 올라갔을지도 모른다는 생각이 들었습니다.

그 사람은 예배당 뒷문을 열고 안으로 들어왔습니다. 강단에 앉아 있던 저는 그가 들어오는 것을 볼 수 있었습니다. 예배당 안에 있던 사람들은 다 믿는 사람들이었고, 하나님의 가족들이었습니다. (물론 모든 교인들이 있었던 것은 아니지만,

대다수가 그때 있었습니다.)

예배당 안은 반 정도만 채워졌기 때문에 그 사람은 맨 뒷좌석의 장의자 한가운데 앉았습니다. 그때 강단에 혼자 앉아, 눈을 뜨고 기도하고 있었습니다. (성경에 깨어 기도하라고 말하고 있으므로 저는 그렇게 하고 있었습니다.)

그 구원받지 못한 남자는 10분 정도를 그렇게 앉아 있었습니다. 아무도 움직이지 않았고, 아무 소리도 없었습니다! 오직 하나님의 영광의 임재하심만이 가득했습니다!

그런데 그때, 그 사람이 갑자기 몸을 부르르 떨기 시작했습니다. 온몸을 떨더니 예배당 한가운데 통로를 통해 강단 앞으로 걸어 나왔습니다. 무엇인가에 붙잡힌 것처럼 여전히 떨고 있었습니다. 그리고 강단 앞에 무릎을 꿇었습니다.

우리 모두 그곳에 여전히 앉아 움직이지 않았습니다. 누구도 그를 위해 기도해주려고 앞으로 나가지 않았습니다. 다만 성령께서 그에게 사역을 시작하셨으니 끝내시리라고 생각했습니다. (때로 우리는 성령께서 우리 없이는 일을 끝내지 못할 것이라고 생각하여 하나님을 돕겠다고 달려들 때가 있습니다.)

우리는 그저 조용히 앉아 있었습니다. 그 사람은 한참을 울다가 강단 앞에서 일어나서 소리를 지르며 구원을 받았습니다!

저는 그런 일이 일어나는 것을 한 번 이상 보았습니다. 믿지 않는 사람들이 주일 아침에 교회에 오는 일은 매우 드물지만,

한 번 교회에 오면 하나님의 임재하심은 그들을 회개시키기에 충분하게 강력히 역사했습니다.

이미 말씀드린 대로, 그때 우리는 그곳의 분위기를 하나님의 임재하심이 나타날 수 있도록 충전charge시켰습니다. 주님께 경배를 드렸고 주님을 찬양했습니다. 물론 우리들은 하나님의 임재가 나타나도록 주변의 분위기를 충전시킬 수 있습니다! 하나님의 집이 그 곳에 있었으므로 우리가 그렇게 할 수 있었습니다. 저는 건물을 말하는 것이 아닙니다. 저는 당시 그곳에 있었던 믿는 자들의 모임에 대해 말하고 있는 것입니다.

하나님의 임재하심으로 가득 채우기

모임이 시작되기 전에 저는 회중들에게 말했습니다. "오늘 아침에는 어떠한 일도 일어날 수 있습니다. 우리는 주님께 경배하고 찬양하기 위해 이곳에 모였습니다. 그러나 오늘 저녁에 우리는 다른 목적을 가지고 모일 것입니다. 저녁집회는 전도집회가 될 것입니다. 하나님께 복을 받기 위해 모이는 것이 아니라 다른 사람들에게 복이 되기 위해 모일 것입니다. 오늘밤 우리는 하나님께 무언가를 받기 위해 모이는 것이 아니라 다른 사람들을 돕기 위해, 그들을 구원하기 위해 모일 것입니다."

모든 것이 전도집회에 잘 맞는 것은 아닙니다. 우리는 세상 사람들이 좋아하는 많은 좋은 노래들을 불렀습니다. 우리는 특송을 부르게 하기도 했습니다. 온 마을 사람들이 이렇게 말하곤 했습니다. "목사님 교회에선 정말 노래를 잘 불러요. 최고의 가수들이 있어요."

매주일 저녁집회를 통해 사람들이 구원받았고, 성령세례를 받았으며, 치유를 받았습니다. 이런 일은 통상적으로 일어나는 일이었습니다. 하지만 제가 목회를 했던 모든 교회에서 이런 일이 통상적으로 일어난 것은 아니었습니다. 그러나 그 교회에서는 이런 일이 늘 일어났습니다. 우리가 예배의 분위기를 하나님의 임재하심이 나타나도록 준비시켰기 때문입니다. 주일 예배 때 하나님의 임재의 분위기를 준비시키면 저녁예배에도 하나님의 임재하심이 그 자리에 남아 있었습니다!

구약시대에서는 어떤 경우에 하나님의 임재하심이 하나님의 집을 가득 채웠습니까? 역대하 5장 13-14절 말씀을 통해 이미 살펴본 대로, 그들이 하나가 되었을 때 하나님의 임재하심이 하나님의 집을 가득 채웠습니다. 그들은 하나가 되었습니다. 한 목소리를 냈습니다. 괴로워하고 불평하는 목소리로 하나가 된 것이 아니라 한 목소리로 하나님께 감사하고 하나님을 찬양했을 때, 하나님의 집이 구름으로 가득 찼고 하나님의 영광의 나타나심이 그곳에 임한 것입니다.

마음을 같이하여

사도행전 2장 46-47절을 보면 같은 내용이 기록된 것을 볼 수 있습니다.

날마다 마음을 같이하여 성전에 모이기를 힘쓰고 집에서 떡을 떼며 기쁨과 순전한 마음으로 음식을 먹고 하나님을 찬미하며 또 온 백성에게 칭송을 받으니 주께서 구원 받는 사람을 날마다 더하게 하시니라 행 2:46-47

46절에 "날마다 마음을 같이하여…"라고 한 것을 보십시오. 여기에도 마음을 같이하는 상황이 있었습니다. 이것으로 인해 그곳에는 하나님의 나타나심으로 인한 놀라운 일들이 있었던 것입니다.

하나님의 영광이 나타남

사도행전 16장에 기록된 이야기에서도 같은 내용을 찾아볼 수 있습니다. 바울과 실라가 감옥에 갇혔습니다. 매를 맞았고 그들의 등에선 피가 흘렀으며 그들의 발목엔 차꼬가 채워졌습니다. 그렇게 해서 감옥 깊은 곳에 던져졌습니다.

> 그가 이러한 명령을 받아 그들을 깊은 옥에 가두고 그 발을 차꼬에 든든히 채웠더니 한밤중에 바울과 실라가 기도하고 하나님을 찬송하매 죄수들이 듣더라 행 16:24-26

25절에서 바울과 실라가 하나님께 기도하고 찬양했다고 말합니다. 그리고 죄수들이 그 소리를 들었습니다. 다른 말로 말하면, 그들은 조용히 있었던 것이 아니었습니다. 그들이 하나님을 찬양하자, 하나님의 영광이 나타났습니다! 감옥이 흔들렸습니다! 모든 문이 열리고, 차꼬가 풀렸습니다.

간수는 모든 사람들이 도망간 것으로 알고 자신이 사형당할 것으로 생각하여 자결하려고 했습니다. 그러자 바울이 그에게 소리를 쳤습니다. "네 몸을 상하지 말라. 우리가 다 여기 있노라"(28절). 간수는 등을 달라하여 안으로 달려 들어가 말합니다. "선생들이여 내가 무엇을 하여야 구원을 얻으리이까"(30절). 이 모든 일이 바울과 실라가 하나님께 감사하고 찬양할 때 일어났던 일입니다!

제 13 장

그의 백성들의 찬양 중에 거하시는 하나님

하나님을 찬양하는 것에 대한 기록은 구약이나 신약성경 모두에 많이 기록되어 있습니다. 하나님께서 거하시는 집은 달라졌지만, 찬양에 대해서 그분은 예전이나 지금이나 변함이 없습니다. 성경은 하나님께서 그의 백성들의 찬양 중에 거하신다고 말합니다(시 22:3). 우리가 찬양하는 이유가 바로 이것 때문입니다. 하나님은 우리의 찬양 중에 거하십니다. 우리가 하나님께 찬양을 드릴 때 성령께서 임재하셔서 역사하실 수 있는 분위기가 조성되는 것입니다. 시편을 잠시 보겠습니다.

150편의 시편은 히브리 성경에서는 다섯 부분으로 나뉘는데, 이는 모세오경 각 권에 대응하도록 한 것입니다. 이들

다섯 권의 시편은 이스라엘의 기도와 찬양의 책입니다.
시편에 찬양과 감사가 얼마나 많이 기록되고 있는지 보십시오. 그 중 일부를 살펴보겠습니다.

여호와께 감사하고 그의 이름을 불러 아뢰며 그가 하는 일을 만민 중에 알게 할지어다 **그에게 노래하며 그를 찬양하며** 그의 모든 기이한 일들을 말할지어다 시 105:1-2

2절의 "그에게 노래하며"라는 부분에 주목하십시오. 사도행전 16장에서 바울과 실라가 기도하고 "하나님을 찬미"한 것을 기억하십니까? 바울과 실라가 서로를 찬양했습니까? 아닙니다. 그들은 구약이 말하고 있는 대로 "하나님을 찬미"했습니다.

사도행전 13장의 기록을 보면 안디옥 교회에는 5명의 선지자와 교사가 있었는데, 바나바와 실라도 그 일원이었습니다. 그때 그곳에 이런 일이 있었습니다. "주를 섬겨 금식할 때에 성령이 이르시되 내가 불러 시키는 일을 위하여 바나바와 사울을 따로 세우라 하시니"(행 13:2). 이 구절에 **"주를 섬겨**ministered to the Lord"라는 말이 나옵니다. 그들이 주를 섬기면서 무엇을 했다고 생각하십니까? 그들은 기도하고 하나님을 찬양했을 것입니다. 그들은 하나님을 찬미한 것입니다.

그들이 주님을 섬겼을 때 성령께서 말씀하신 것에 주목하십시오. 바로 그렇게 하는 것이 하나님께서 말씀하실 수 있는 분위기가 조성되는 것입니다. 바로 그런 분위기에서 하나님이 우리 중에 임하시는 것입니다. 우리 안에 내주하시는 하나님이 필요하듯이 우리 중에 임하시는 하나님도 필요합니다.

시편 106편과 107편의 첫 부분을 보십시오.

> 할렐루야 여호와께 감사하라 그는 선하시며 그 인자하심이 영원함이로다 시 106:1

> 여호와께 감사하라 그는 선하시며 그 인자하심이 영원함이로다 여호와의 속량을 받은 자는 이같이 말할지어다 여호와께서 대적의 손에서 그들을 속량하사 시 107:1-2

시편 107편 2절을 보십시오. 여호와께 구속을 받은 자는 뭐라고 말해야 합니까? 여호와께 감사하며 이렇게 외쳐야 합니다. "그는 선하시며, 그 인자하심이 영원함이로다!" 시편 108편을 보십시오.

> 하나님이여 내 마음을 정하였사오니 내가 노래하며 나의 마음을 다하여 찬양하리로다 비파야, 수금아, 깰지어다 내가

새벽을 깨우리로다 여호와여 내가 **만민 중에서** 주께 감사하고
뭇 나라 중에서 주를 찬양하오리니 주의 인자하심이 하늘보다
높으시며 주의 진실은 궁창에까지 이르나이다 시 108:1-4

이 시편을 쓴 다윗은 "오 주여, 조용히, 아무도 모르게 주님
을 찬양하겠습니다."라고 찬양하지 않았습니다. 다윗은 이렇
게 찬양했습니다. "오 주를 찬양하리라, 만민 중에 주께 감사
하며, 뭇 나라 중에 주를 찬양하리라"(3절). 이제 시편 111편이
어떻게 시작하는지 보겠습니다.

할렐루야, **내가 정직한 자의 모임과 회중 가운데에서** 전심
으로 여호와께 감사하리로다 시 111:1

이 시편 111편의 기자는 믿는 자들의 모임에서 전심으로 찬양
하고 있습니다. 시편 112편과 113편도 찬양으로 시작합니다.

할렐루야, 여호와를 경외하며 그의 계명을 크게 즐거워하는
자는 복이 있도다 시 112:1

할렐루야, 여호와의 종들아 찬양하라 여호와의 이름을 찬양
하라 이제부터 영원까지 여호와의 이름을 찬송할지로다 해

돋는 데에서부터 해 지는 데에까지 여호와의 이름이 찬양을 받으시리로다 여호와는 모든 나라보다 높으시며 그의 영광은 하늘보다 높으시도다 여호와 우리 하나님과 같은 이가 누구리요 높은 위에 앉으셨으나 시 113:1-5

117편과 118편에서도 하나님께 감사하고 하나님을 찬양합니다.

너희 모든 나라들아 여호와를 찬양하며 너희 모든 백성들아 그를 찬송할지어다 우리에게 향하신 여호와의 인자하심이 크시고 여호와의 진실하심이 영원함이로다 시 117:1-2

여호와께 감사하라 그는 선하시며 그의 인자하심이 영원함이로다 이제 이스라엘은 말하기를 그의 인자하심이 영원하다 할지로다 시 118:1-2

이 시편 기자는 이스라엘에게, 여호와는 선하시며 인자하심이 영원하리라고 공개적으로 말하라고 권고하고 있습니다. 이 권고는 오늘날의 교회에도 적용됩니다. 우리는 교회에서 큰소리로 이렇게 외쳐야 합니다. "그의 자비하심은 영원하도다."

우리의 찬양은 하나님을 기쁘시게 합니다

지금까지 몇 편의 시편을 보았습니다. 이제 시편의 끝부분으로 가서 하나님의 찬양에 대해 좀 더 봅시다. 시편의 기자가 "우리의 찬양 중에 거하시는 주님"이라고 말했던 것을 잊지 마십시오. 이 말의 의미는 하나님께서 우리의 찬양 안에 살고 계신다는 것입니다.

> 할렐루야 내 영혼아 여호와를 찬양하라 나의 생전에 여호와를 찬양하며 나의 평생에 내 하나님을 찬송하리로다
> 시 146:1-2

> 할렐루야 우리 하나님께 찬양함이 선함이여 찬송하는 일이 아름답고 마땅하도다 시 147:1

> 할렐루야 하늘에서 여호와를 찬양하며 높은 데서 그를 찬양할지어다 그의 모든 천사여 찬양하며 모든 군대여 그를 찬양할지어다 해와 달아 그를 찬양하며 밝은 별들아 다 그를 찬양할지어다 하늘의 하늘도 그를 찬양하며 하늘 위에 있는 물들도 그를 찬양할지어다 그것들이 여호와의 이름을 찬양함은 그가 명령하시므로 지음을 받았음이로다 그가 또 그것들을

영원히 세우시고 폐하지 못할 명령을 정하셨도다 너희 용들과 바다여 땅에서 여호와를 찬양하라 시 148:1-7

할렐루야 새 노래로 여호와께 노래하며 **성도의 모임 가운데에서 찬양할지어다** 시 149:1

할렐루야! 이 시편 말씀으로 인해 하나님을 찬양합니다. 이제 시편을 마감하는 마지막 150편을 봅시다.

할렐루야 그의 성소에서 하나님을 찬양하며 그의 권능의 궁창에서 그를 찬양할지어다 시 150:1

하나님께서는 믿는 자 한 사람 한 사람 안에도 거하시며, 믿는 자들의 모임인 교회에도 거하심을 이미 배웠습니다. 대표적으로 고린도전서 3장 16절에 이것이 기록되어 있었음을 기억하실 것입니다. 성경의 이 부분을 다시 한 번 보십시오. "너희들은 너희(고린도 교회 전체)가 하나님의 전(그의 성전)인 것을 이해하지도, 분별하지도 못하느뇨?"(고전 3:16, 확대번역) 다시 마지막 시편을 봅시다.

할렐루야 그의 성소에서 하나님을 찬양하며 그의 권능의 궁창에서 그를 찬양할지어다 그의 능하신 행동을 찬양하며 그의 지극히 위대하심을 따라 찬양할지어다 나팔 소리로 찬양하며 비파와 수금으로 찬양할지어다 소고 치며 춤 추어 찬양하며 현악과 통소로 찬양할지어다 큰 소리 나는 제금으로 찬양하며 높은 소리 나는 제금으로 찬양할지어다 호흡이 있는 자마다 여호와를 찬양할지어다 할렐루야 시 150:1-6

이렇게 크게 외칩시다. "주는 선하시고 그의 인자하심은 영원합니다." 하나님의 영광으로 인해 감사합니다. 그의 선하심으로 인해 감사합니다. 하나님의 자비하심으로 인해 감사합니다. 우리는 좀 더 많이 찬양해야 합니다. 오늘날 교회는 찬양이 많이 부족합니다. 성경이 말하는 수준으로 따라잡아야 합니다.

춤추며 찬양하기

시편 149편을 좀 더 자세히 살펴봅시다. 시편 149편은 이렇게 시작됩니다. "할렐루야 새 노래로 여호와께 노래하며 성도의 모임 가운데에서 찬양할지어다 이스라엘은 **자기를**

지으신 이로 말미암아 즐거워하며 시온의 주민은 그들의 왕으로 말미암아 즐거워할지어다"(시 149:1-2). 하나님께서 교회를 지으셨다고 말합니다. 교회는 사람이 만든 것이 아닙니다. 하나님께서 이 영적인 집을 지으신 분이십니다.

2절의 내용을 보십시오. "…시온의 주민은 그들의 왕으로 말미암아 즐거워할지어다." 우리가 시온의 자녀라는 것을 아셨습니까?(히 12:22 참조) 3절은 이렇게 이어집니다. "춤추며 그의 이름을 찬양하며 소고와 수금으로 그를 찬양할지어다"(3절). 춤추며 노래하는 것이 원래 하나님과 그의 백성들에게 속한 것임을 아셨습니까? 그런데 마귀가 훔쳐다가 이것을 변질시켜버렸습니다. 이제 더 이상 이것을 마귀가 가져가지 못하도록 해야 합니다! 성령께서 영으로 찬양하고 춤추는 믿는 자에게 임하실 때, 그 예배에는 하나님이 주시는 놀라운 축복이 임하게 됩니다.

계속해서 3절과 4절을 봅시다. "춤추며 그의 이름을 찬양하며 소고와 수금으로 그를 찬양할지어다. **여호와께서는 자기 백성을 기뻐하시며** 겸손한 자를 구원으로 아름답게 하심이로다"(시 149:3-4). 여호와께서 자기의 백성을 기뻐하신다는 말이 무슨 뜻입니까? 하나님께서는 자기의 백성들이 춤추며 찬양할 때에 기쁨을 갖게 되신다는 뜻입니다. 그것이 하나님을 기쁘게 합니다. 몇몇 독불장군 같은 분은 "난 춤추고 그러는 것을 좋아하지 않는다네."라고 말할지도 모릅니다. 마귀와 그의 자식들도 춤추며 경배하는 것을 싫어합니다. 그러나 하나님은 그의 백성들이 춤추며 찬양하는 것을 기뻐하십니다!

이 시편 기자는 **기뻐하는 것**에 대해서 말하고 있는 것입니다. 춤추며 하나님께 찬양하며 소고와 수금을 가지고 하나님의 이름을 찬양하라고 말합니다.

> 여호와께서는 자기 백성을 기뻐하시며 겸손한 자를 구원으로 아름답게 하심이로다 성도들은 영광 중에 즐거워하며 저희 침상에서 기쁨으로 노래할지어다 [즉 우리가 집에서도 이렇게 해야 한다는 의미입니다.] 그들의 입에는 하나님에 대한 찬양이 있고 그들의 손에는 두 날 가진 칼이 있도다 시 149:4-6

하나님의 말씀은 우리 손에 들린 성령의 검이지만, 동시에 우리는 입으로 하나님을 높이 찬양해야 합니다! 그렇게 할 때 하나님의 말씀이 힘 있게 역사합니다. 즉 하나님의 말씀을 마음으로 믿고 입으로 말함으로, 양날 가진 칼과 같은 말씀을 휘둘러 우리를 둘러싼 시험과 시련을 대적해서 베어버리는 것입니다.

신약에서는 "…성령의 검 곧 하나님의 말씀을 가지라"(엡 6:17)고 말합니다. 많은 사람들이 성경을 손에 들고 바쁘게 돌아다니며 "나는 말씀의 사람입니다."라고 말하지만, 제가 보기에 그들은 마치 신 포도를 먹은 것 같은 얼굴을 하고 있습니다. 그들은 웃지도 않고 기쁨도 없습니다. 그러나 시편 149편 4절은 "여호와께서는 자기 백성을 기뻐하시며 겸손한 자를 구원으로 **아름답게 하심**이로다"라고 말합니다. 이 말씀을 보면 하나님께서 자기 백성을 신 포도 먹은 얼굴로 돌아다니는 사람으로 만드신 것 같지는 않습니다. 그렇지요?

우리는 양날 가진 성령의 검, 즉 하나님의 말씀의 검을 잡고, 우리 입의 고백을 통해 휘둘러야 합니다. 그러나 우리가 화난 얼굴로 돌아다닌다면, 우리의 칼로 사람들을 상하게 할 뿐, 아무런 좋은 일도 하지 못할 것입니다. 그렇게 해서는 안 됩니다. 우리들의 입으로 하나님을 높이 찬양해야 합니다. 그렇게 할 때 찬양과 감사로 검을 사용하게 될 것이고, 사람들도 그 검을 갖고 싶어 할 것입니다!

해방은 기쁨을 가져옵니다

시편 137편은 이스라엘이 바벨론에 포로로 끌려갔을 때를 배경으로 한 것입니다.

우리가 바벨론의 여러 강변 거기에 앉아서 시온을 기억하며 울었도다 그 중의 버드나무에 우리가 우리의 수금을 걸었나니 이는 우리를 사로잡은 자가 거기서 우리에게 노래를 청하며 우리를 황폐하게 한 자가 기쁨을 청하고 자기들을 위하여 시온의 노래 중 하나를 노래하라 함이로다 시 137 :1-3

우리가 지금까지 읽어온 몇 편의 시편에는 기쁨과 찬양이 가득 차 있었지만, 여러분이 방금 읽은 시편 137편은 그것과는 무엇인가 다르다는 것을 아셨을 것입니다. 시편 137편의 기자는 "우리가 이방 땅에서 어찌 여호와의 노래를 부를까" (시 137:4)라고 말합니다. 오늘날 교회에서 많은 분들이 찬양을 하지 못하는 이유가 바로 이것입니다. 그들은 사탄의 땅에서 사탄이 원하는 대로 행동하고 사탄이 살아가도록 한 방법대로 살고 있습니다.

그러나 이제 주님께서 그들을 어떻게 바꾸어 놓으셨는지 시편 126편을 살펴봅시다.

여호와께서 시온의 포로를 돌리실 때에 우리가 꿈꾸는 것 같았도다 **그때에 우리 입에는 웃음이 가득하고 우리 혀에는 찬양이 찼었도다** 그때에 뭇 나라 가운데에서 말하기를 여호와께서 그들을 위하여 큰 일을 행하셨다 하였도다

여호와께서 우리를 위하여 큰 일을 행하셨으니 우리는 기쁘도다 시 126:1-3

시편 137편에서 이스라엘을 사로잡은 자들이 이스라엘에게 시온의 노래를 한 곡 부르라고 하자 이스라엘은 "우리가 이방에 포로로 있으면서 어찌 기쁨의 노래를 부르겠느냐"고 한탄을 합니다. 그러나 여호와께서 그들의 속박을 끊으시고 바벨론으로부터 그들을 구원시키셨을 때, 그들은 기뻐하며 이렇게 말합니다. "그때에 우리 입에는 웃음이 가득하고 우리 혀에는 찬양이 찼었도다 그때에 뭇 나라 가운데에서 말하기를 여호와께서 그들을 위하여 큰일을 행하셨다 하였도다"(시 126:2).

찬양 중에 역사하시는 성령의 강력한 사역

결론적으로 시편 29편을 통해 하나님의 영의 사역을 좀 더 보겠습니다. 시편 기자는 '여호와의 소리'란 말을 비유적으로 사용했는데, 이것은 여호와의 영, 즉 성령을 나타냅니다. 그리고 물, 바다, 대양은 수많은 사람들을 상징하거나 비유하고 있습니다.

오 너희 힘있는 자들아 주께 돌리라 영광과 능력을 주께 돌리라 그의 이름에 합당한 영광을 주께 돌리고 거룩함의 아름다움으로 주께 경배할지어다 주의 음성이 물 위에 있도다 영광의 하나님께서 천둥 소리를 내시며 주께서 많은 물 위에 계시도다 주의 음성은 강력하며 주의 음성은 위엄으로 차 있도다 주의 음성은 백향목을 꺾으시나니 정녕 주께서는 레바논의 백향목을 꺾으시는도다 그가 또 그것들을 송아지같이 레바논과 시룐을 어린 유니콘같이 뛰게 하시는도다 주의 음성이 화염을 갈라놓는도다 주의 음성이 광야를 진동시키나니 주께서 카데스 광야를 진동시키시는도다 주의 음성이 암사슴으로 새끼를 낳게 하시고 산림을 벗기시니 그의 성전에서 모두가 그의 영광을 말하는도다 시 29:1-9 (한글킹제임스)

이 시편은 영광, 즉 여호와의 이름에 합당한 영광과 감사를 하나님께 드리라는 권면으로 시작합니다. 7절에서 여호와의 소리가 화염을 가르신다는 말씀은 사도행전 2장에서 성령 강림 시에 교회에 임한 불의 혀를 생각나게 합니다. 사도행전 2장은 "오순절 날이 이미 이르매 그들이 다같이 한 곳에 모였더니, 홀연히 하늘로부터 급하고 강한 바람 같은 소리가 있어 그들이 앉은 온 집에 가득하며, 마치 **불의 혀처럼 갈라지는 것들이 그들에게 보여** 각 사람 위에 임하여 있더니 그들이

다 성령의 충만함을 받고 성령이 말하게 하심을 따라 다른 언어들로 말하기를 시작하니라"(1-4절)라고 말합니다.

다시 시편 29편 9절을 보십시오. "주의 음성이 암사슴으로 새끼를 낳게 하시고make the hinds to calve … 그의 성전에서 모두가 그의 영광을 말하는도다."

9절 말씀은 고린도전서 3장 16절을 생각나게 합니다. "너희들은 너희(고린도 교회 전체)가 하나님의 성전인 것과 하나님의 성령이 너희 안에 영원토록 거하시는 것을 [즉 개별적인 각각의 사람 안에 또는 너희 전체 안에 거하시는 것을] 이해하지도, 분별하지도 못하느뇨?"(고전 3:16, 확대번역)

시편 29편 9절을 킹제임스 성경은 이렇게 번역하고 있습니다. "주의 성전에서 사람마다 주의 영광을 말하는도다"(시 29:9). 왜 사람마다 하나님의 영광을 말할까요? 하나님의 영광이 성전 곳곳에 명백하게 나타났기 때문입니다. 교회는 하나님의 전입니다. 그리고 그의 전에서는 사람들이 하나님의 영광을 말하게 되는 것입니다.

하나님의 영광을 체험하기

하나님의 영광에 대해 말하고 있는 로마서 6장을 봅시다.

그러므로 우리가 그[예수님]의 죽으심과 합하여 세례를 받음으로 그와 함께 장사되었나니 이는 아버지의 영광으로 말미암아 그리스도를 죽은 자 가운데서 살리심과 같이 우리로 또한 새 생명 가운데서 행하게 하려 함이니라 롬 6:4

우리는 구약성경을 통해 하나님의 영광에 대해 읽어 보았습니다. 바로 그 하나님의 영광이 예수님을 일으키셨습니다. 로마서 8장 11절 말씀은 "예수를 죽은 자 가운데서 살리신 이의 영…"(롬 8:11)이라는 말로 시작됩니다. 이 두 말씀을 비교해 보면 바울은 하나님의 영을 하나님의 영광 또는 아버지의 영광과 같이 사용하고 있음을 알 수 있습니다.

이미 말씀드린 대로 우리는 가끔 하나님의 영광을 느끼거나 볼 수도 있습니다. 구약에서는 하나님의 영광이 구름의 모습으로 묘사되기도 했습니다(대하 5:13-14). 그런데 신약에서는 그 영광이 우리 중에 또는 우리 안에 나타납니다. 로마서 8장 11절 말씀 전체를 살펴봅시다.

예수를 죽은 자 가운데서 살리신 이의 영이 너희 안에 거하시면 그리스도 예수를 죽은 자 가운데서 살리신 이가 너희 안에 거하시는 그의 영으로 말미암아 너희 죽을 몸도 살리시리라 롬 8:11

이 말씀은 부활한 우리의 육신에 대해서 말하고 있는 것이 아닙니다. 왜냐하면 우리의 부활한 육신은 죽을 몸이 아니기 때문입니다. 우리의 육신이 부활하면, 그때는 이미 옛 육신은 죽은 뒤입니다. 이 말씀은 바로 **지금** 이 시대의 우리의 육신에 대해서 말하고 있는 것입니다.

하나님의 영광과 하나님의 영은 우리 안에 있습니다. 하나님의 영이 우리 안에 거하시면 그분의 영은 우리의 죽을 몸을 살리실 것입니다. "살린다Quicken"라는 말의 의미는 **생기가 가득하게 한다**make full of life는 말입니다. 이 말은 죽음이나 질병이나 질환으로 가득하게 한다는 말이 아닙니다! 하나님께서는 우리 안에 내주하신 그분의 영을 통해 우리들의 몸을 생기가 가득하게 하십니다.

믿는 자들 각 개인 또는 믿는 자들의 모임 안에 거하시는 성령

이것을 꼭 기억하십시오. 하나님의 영, 즉 성령께서는 우리 믿는 자 안에 **개별적으로** 거하시며 또한 동시에 **전체적인** 교회 안에도 거하십니다. 전체적인 교회는 지역교회나 또는 그리스도를 머리로 하는 모든 믿는 자들로 이루어진 그리스도의 몸 된 교회, 즉 우주적인 교회를 말합니다. 하나님의 영은 이제 더 이상 사람들이 손으로 만든 건물 안에 계시지 않습니다. 그분은 우리 안에 내주하십니다!

우리가 예수 그리스도를 믿는 자가 되었을 때, 우리의 몸은 성령이 거하시는 성전이 됩니다. 그래서 그분은 우리 안에 거하시게 되는 것입니다. 그분은 우리 안에 거하시면서 우리를 도우시며 우리의 삶을 넉넉히 영위해나가도록 해주십니다. 우리가 그분과 함께 동역하는 법을 잘 배우기만 하면 말입니다.

우리 앞에 닥치는 어려움이 아무리 크더라도 문제가 되지 않습니다. 왜냐하면 우리 안에 계신 분이 세상에 있는 자보다 크시기 때문입니다. "…이는 너희 안에 계신 이가 세상에 있는 자보다 크심이라"(요일 4:4).

또 성령께서는 우리 믿는 자들의 모임인 교회, 즉 그리스도의 몸 안에도 거하십니다. 그분께서는 우리를 돕기 위하여, 몸 된 교회 가운데서는 물론 몸 된 교회를 통하여 자신을 나타내기 원하십니다. 그분께서는 교회가 복을 누리는 것과 죄인들이 구원받고 병이 나으며 성령충만 받는 것을 보기 원하십니다. 우리가 교회 안에서 하나되어 그분이 어떤 분인 것과 우리를 위해 하신 모든 일을 찬양하고 감사하는 법을 배울 때, 성령님께서 역사하실 수 있는 분위기가 만들어질 것입니다.

성령께서 우리 각 개인과 우리의 몸인 교회 가운데 역사하시도록 하십시오

성령께서는 우리가 최선의 삶을 살 수 있도록 돕기 원하십니다. 그분은 우리가 거듭난 즉시 우리 안에 오셔서 우리의 성품을 아름답게 다듬어 가십니다. 성령(거듭난 영)의 아홉 가지 열매가 바로 그것입니다. 예수님께서 "…나의 주는 물은 그 속에서 영생하도록 솟아나는 샘물이 되리라"(요 4:14)라고 말씀하신 바와 같이, 성령께서는 우리 안에서 솟아나는 우물이 되실 것입니다.

뿐만 아니라 성령께서는 성령세례를 통하여 우리 위에 임하기를 열망하십니다. 그분은 우리에게 힘을 주셔서 우리가 자신의 힘이 아닌 하나님의 힘으로 그리스도의 사역을 감당하기를 열망하십니다. 성령의 내주하심을 통해 누리게 되는 영적인 체험도 매우 놀랍지만, 성령께서는 우리가 더욱 깊은 영적인 체험을 하기를 열망하십니다. 그분께서는 우리 믿는 자들을 통해 "생수의 강"(요 7:38)과 같이 흘러나가 인류를 축복하기를 갈망하십니다. 그리고 성령께서는 우리 믿는 자들 중에서 성령의 아홉 가지 은사를 통해 자신을 나타내시기를 갈망하십니다.

사랑하는 여러분! 하나님의 성령께서 역사하시도록 합시다.

이는 단지 우리 자신을 축복하기 위한 것이 아니라, 우리 자신이 다른 사람들에게 복이 되게 하기 위한 것입니다. 우리가 허락한다면 성령께서는 우리 자신의 갈증을 채우는 영적인 물이 될 것이며, 또한 우리를 통해 다른 사람의 필요를 채우는 생수가 될 것입니다! 성령께서 우리 안에 그리고 우리 위에 임하시도록 내어 드립시다!

믿음의말씀사 출판물

구입문의 : 031-8005-5483 http://faithbook.kr

■ 케네스 해긴의 「믿음 도서관」 책들
- 새로운 탄생
- 재정 분야의 순종
- 나는 지옥에 갔다 왔습니다
- 하나님의 처방약
- 더 좋은 언약
- 예수의 보배로운 피
- 하나님을 탓하지 마십시오
- 네 주장을 변론하라
- 셀 모임에서 성령인도 받기
- 안수
- 치유를 유지하는 법
- 사랑은 결코 실패하지 않습니다
- 하나님께서 내게 가르쳐 주신 형통의 계시
- 왜 능력 아래 쓰러지는가?
- 다가오는 회복
- 잊어버리는 법을 배우기
- 위대한 세 단어
- 하나님의 은사와 부르심
- 그 이름은 "놀라우신 분"
- 우리에게 속한 것을 알기
- 성령을 받는 성경적인 방법
- 하나님의 영광
- 은혜 안에서의 성장을 방해하는 다섯 가지
- 사랑 가운데 걷는 법
- 바울의 계시 : 화해의 복음
- 당신은 당신이 말하는 것을 가질 수 있습니다
- 그리스도 안에서
- 말
- 방언기도의 능력을 풀어 놓으라
- 옳은 사고방식 틀린 사고방식
- 속량 - 가난, 질병, 영적 죽음에서 값 주고 되사다
- 네 염려를 주께 맡겨라
- 예언을 분별하는 일곱 단계
- 절망적인 상황을 반전시키기
- 당신의 믿음을 풀어 놓는 법
- 진짜 믿음
- 믿음이란 무엇인가
- 그리스도께서 지금 하고 계시는 일
- 충분하고도 넘치는 하나님 엘 샤다이
- 금식에 관한 상식
- 하나님의 말씀 : 모든 것을 고치는 치료제
- 가족을 섬기는 법
- 조에
- 당신이 알아야 하는 신유에 관한 일곱 가지 원리
- 여성에 관한 질문들
- 인간의 세 가지 본성
- 몸의 치유와 속죄
- 크게 성장하는 믿음
- 하나님 가족의 특권

- 기도의 기술
- 나는 환상을 믿습니다
- 병을 고치는 하나님의 말씀
- 영적 성장
- 신선한 기름부음
- 믿음이 흔들리고 패배한 것 같을 때 승리를 얻는 법
- 믿음의 선한 싸움을 싸우는 법
- 하나님의 계획과 목적과 추구
- 예수 열린 문
- 믿음의 계단
- 당신을 향한 하나님의 계획
- 역사하는 기도
- 기름부음의 이해
- 내주하시는 성령 임하시는 성령
- 재정적인 번영에 대한 성경적 열쇠들
- 어떻게 하나님의 영으로 인도받을 수 있는가?
- 마이더스 터치
- 치유의 기름부음
- 그리스도의 선물
- 방언
- 믿는 자의 권세(생애기념판)
- 믿음의 양식
- 승리하는 교회

■ E. W. 케년
- 십자가에서 보좌까지 무슨 일이 일어났는가?
- 두 가지 의
- 놀라우신 그 이름 예수
- 하나님 아버지와 그분의 가족
- 나의 신분증
- 두 가지 생명
- 새로운 종류의 사랑
- 그분의 임재 안에서
- 속량의 관점에서 본 성경
- 두 가지 지식
- 피의 언약
- 숨은 사람
- 두 가지 믿음
- 새로운 피조물의 실재

■ 스미스 위글스워스
- 스미스 위글스워스의 천국
- 스미스 위글스워스의 매일묵상
- 위글스워스는 이렇게 했다
- 스미스 위글스워스의 능력의 비밀

■ T. L. 오스본
- 행동하는 신자들
- 기적 - 하나님 사랑의 증거
- 새롭게 시작하는 기적 인생

- 좋은 인생
- 성경적인 치유
- 능력으로 역사하는 메시지
- 100개의 신유 진리
- 24 기도 원리 7 기도 우선순위
- 하나님의 큰 그림
- 긍정적 욕망의 힘
- 당신은 하나님의 최고의 작품입니다

■ 잔 오스틴
- 믿음의 말씀 고백기도집
- 하나님의 사랑의 흐름
- 견고한 진 무너뜨리기
- 초자연적인 흐름을 따르는 법
- 당신의 운명을 바꿀 수 있습니다
- 어떻게 하나님의 능력을 풀어놓을 수 있는가?

■ 크리스 오야킬로메
- 여기서 머물지 말라
- 이제 당신이 거듭났으니
- 당신의 인생을 재창조하라
- 이 마차에 함께 타라
- 그리스도 안에 있는 당신의 권리
- 성령님과 당신
- 성령님이 당신 안에서 행하실 일곱 가지
- 성령님이 당신을 위해 행하실 일곱 가지
- 기적을 받고 유지하는 법
- 하나님께서 당신을 방문하실 때
- 올바른 방식으로 기도하기
- 당신의 믿음을 역사하게 하는 법
- 끝없이 샘솟는 기쁨
- 기름과 겉옷
- 약속의 땅
- 하나님의 일곱 영
- 예언
- 시온의 문
- 하늘에서 온 치유
- 효과적으로 기도하는 법
- 어떤 질병도 없이
- 주제별 말씀의 실재
- 마음의 능력

■ 앤드류 워맥
- 당신은 이미 가졌습니다
- 은혜와 믿음의 균형 안에 사는 삶
- 하나님의 참 본성
- 하나님은 당신이 건강하기 원하십니다
- 영 · 혼 · 몸
- 전쟁은 끝났습니다
- 믿는 자의 권세
- 새로운 당신과 성령님
- 노력 없이 오는 변화
- 하나님의 충만함 안에 거하는 열쇠
- 더 좋은 기도 방법 한 가지
- 재정의 청지기 직분

- 하나님을 제한하지 마라
- 하나님의 뜻을 발견하고 따라가며 성취하라
- 하나님의 참 본성
- 하나님의 최선 안에 사는 법
- 더 큰 은혜 더 큰 은총

■ 기타「믿음의 말씀」설교자들
- 성령의 삶 능력의 삶
- 복을 취하는 법
- 주는 자에게 복이 되는 선물
- 믿음으로 사는 삶
- 붉은 줄의 기적
- 당신이 말한 대로 얻게 됩니다
- 예수-치유의 길 건강의 능력
- 성령 안의 내 능력
- 존 G. 레이크의 치유
- 믿음과 고백
- 임재 중심 교회
- 성령충만한 그리스도인의 지침서
- 열정과 끈기
- 제자 만들기
- 어떻게 교회를 배가하는가
- 운명
- 모든 사람을 위한 치유
- 회복된 통치권
- 그렇지 않습니다
- 당신의 자녀를 리더로 훈련하라
- 오순절 운동을 일으킨 하나님의 바람
- 주일 예배를 넘어서
- 신약교회를 찾아서
- 내가 올 때까지
- 매일의 불씨
- 여성의 건강한 자아상

■ 김진호 · 최순애
- 왕과 제사장
- 새로운 피조물의 실재
- 믿음의 반석
- 새 언약의 기도
- 새로운 피조물 고백기도집(한글판/한영대조판)
- 성령 인도
- 복음의 신조
- 존중하는 삶
- 성경의 세 가지 접근
- 말씀 묵상과 고백
- 그리스도의 교리
- 영혼 구원
- 새로운 피조물
- 믿음의 말씀 운동의 뿌리
- 1인 기업가 마인드
- 내 양을 치라
- 새사람을 입으라